KB212927

# 모든 만남에는 이유가 있다

이성원 지음

엘맨
하나님의 사람을 만들어 가는 ELMAN

# 모든 만남에는 이유가 있다

초판1쇄 2019년 7월 10일

지은이 이성원
펴낸이 채주희
펴낸곳 엘맨출판사
등록번호 제13-1562호(1985.10.29.)
등록된곳 서울시 마포구 신수동 448-6
전화 (02)323-4060,6401-7004
팩스 (02)323-6416
이메일 elman1985@hanmail.net
www.elman.kr
ISBN 978-89-5515-655-3  03230

값 12,800 원

# 모든 만남에는 이유가 있다

이성원 지음

엘맨
하나님의 사랑을 만들어 가는 ELMAN

# 머리말

　나무에 수북하게 달린 잎 가운데 날아든 새와 벌레들에 의해 분비물이 묻고 갉아 먹힌 게 있다. 지저분하고 구멍 난 잎이 많다고 해서 나무의 존재를 부정할 수는 없다. '자식은 겉 낳지 속은 못 낳는다'는 속담이 있다. 자식이어도 부모 마음대로 움직이지 못하기 때문에 육체만 낳았지 속마음까지 낳지 않았다는 뜻이다. 하지만 못마땅한 자식이어도 부모의 자식이 아닌 게 아니듯이 벌레 먹은 나뭇잎도 나무와 연결된 생명임에는 분명하다.

　믿음도 마찬가지다. 벌레 먹은 나뭇잎처럼 부족한 사람들이 많다고 해서 나무인 하나님을 부정할 수는 없다. 하나님에게 순종하는 것도 각자의 의지다. 자신의 영원한 생명과 관련된 중요한 일은 벌레 먹은 나뭇잎을 기준으로 판단하고 결정할 일은 아니다. 뒤로 한 발짝 물러서서 전체를 보면 생명의 윤기를 머금고 존재감을 드러내는 나뭇잎들과 하나님의 본질을 발견할 수 있다.

　이 책은 가족, 친구, 이웃, 동료들이 테이블에 둘러 앉아 각자의 종교와 삶의 철학에 대해 진솔하게 나눈 대화의 내용이다. 누구나 살아가면서 한번쯤은 생각해보고 공유한 문제들이기에 소통을 바탕으로 구성한 글이다. 이 글을 쓰게 된 동기는 가난하고 약한 사람들의 신앙적인 갈등, 혼란, 삶의 고민의 애잔함과, 기독교 밖에 있는 사람들이 안을 들여다보며 벌레 먹은 나뭇잎만 지적하는 게 안타까워서다. 또한 새로운 희망의 발견도 놓칠 수가 없었다. 타종교여도 존중심이 먼저일 때 내 종교에 대한 질문도 던지며 진지하게 귀를 기울인다는 것을 알았다. 이 글은 똑같은 삶의 문제에 대해 기독교, 불교, 무신론자의 입장을 동시에 들여다보는 내용이다. 각자의 입장에 따라 받아들이는 게 다르고 해결법도 차이가 있다. 그러나 무엇이 옳다, 그르다를 비교하려는 게 아니다. 상대를 모르면 오해와 편견이 생길 수 있지만 알면, 이해의 폭과 세상을 보는 안목이 넓어지는 상승효과에 중점을 두었다.

각 종교마다 이론만으로 범접할 수 없는 그 무엇이 있다. 그렇기 때문에 이 책은 다른 종교의 심오한 영성을 함부로 언급해서 훼손하려는 것도 아니고, 학문적으로 비교한 글도 아니다. 보통 사람들이 인식하고 있는 종교관이며 세상관이다.

개미는 시력이 약해 무작정 동료 뒤를 졸졸 따라다니기 때문에 자기네들끼리만 어울려 산다. 먹이도 일개미의 입을 통해 전달받아 먹고 산다. 그러나 하늘을 나르는 독수리는 시력이 좋아 숲속, 강, 들판 어디서든 먹잇감을 발견하고 가리지 않는다. 토끼, 물고기, 썩은 고기든 내려 앉아 취하고 유유히 제 갈 길로 날아오른다. 독수리처럼 시야가 넓고 가리지 않는다는 의미는 배고플 때 어디서든 쉽게 먹이를 찾을 수 있고, 무엇이 위험한지도 알기 때문에 믿음 안에서든 세상살이든 평안을 유지할 수 있다는 뜻이다. 대부분의 종교인들은 자기가 믿는 대상에게만 전념할 뿐 타종교에 대한 지식이 거의 없다. 상대의 진리를 알지도 못하면서 외면하면 산속의 은둔자가 되거나 개미처럼 자기네들끼리만 어울리기 마련이다. 이 세상은 함께 살아가야 하는 곳이기 때문에 타자의 존재도 염두에 두어야하지만 사회의 공의, 질서와 하나님의 뜻을 실현시키기 위해서도 막힌 담은 없어야 한다.

사람을 가려서 전도하라고 하지 않으셨다. 이글을 통해 모두 전체를 내려다보는 독수리가 되기를 희망한다. 가난하고 약한 사람들은 움츠렸던 날개가 활짝 펴지고, 예수님을 믿지 않는 사람들은 전체를 보며 싱싱한 나뭇잎도 발견하고, 진정한 인생의 근원지와 자기 정체성을 찾게 되리라 믿는다. 어차피 인생의 근원은 과학으로는 찾지 못하고 종교만이 가르쳐 줄 수 있다. 나는 어디서 왔으며, 죽으면 어디로 가서 어떻게 살게 되는지 분명한 목적지와 모습을 알고 있는 사람만이 진정한 독수리며 진리의 길을 잃지 않는다.


지은이 이성원

# 목 차

# 1부

# 사람 속에 인생의
# 시작과 끝이 있다

# 01 / 가족의 의미

## 기독교

밖에서 집으로 들어가려면 현관을 통과해야 되는 것처럼 신앙의 길도 통과해야 되는 구간이 있다. 그 구간을 통과하지 않으면 몇 층 높이의 창문을 통해 들어가야 되는 것처럼 목적지까지 도달하는 게 위험하고 불리할 수도 있다. 입사시험, 상급학교 진학, 자격증을 딸 때 가산 점수가 높은 과목이 있다. 그 점수가 낮다고 해서 불합격 되는 건 아니지만 다른 과목의 점수가 평균적으로 높아야 되는 것과 같다. 그만큼 중요하다는 의미다.

신앙생활에서 높은 가산점을 받을 수 있는 건 가족관계의 점수다. 가족 외에는 모두 내가 선택할 수 있는 인연이다. 남과의 만남은 두 개의 줄이 만나 묶여진 매듭의 관계라면 가족은 매듭 없는 하나의 줄이다. 남은 싫을 때 매듭을 풀어버리면 깨끗하게 끊어진다. 하지만 하나로 이어진 가족의 줄은 질겨서 날카로운 도구로 잘라야 한다. 그래서 가족은 헤어지면 상처가 생기고 부작용이 따른다.

부부가 이혼을 하면 당사자들도 힘들지만 자식도 상처를 받고, 부모를 버리는 자식은 패륜아라는 소리를 듣고, 형제끼리 원수 되면 이미지가 안 좋다. 가족은 애초에 하나님이 구상해서 맺어 놓은 관계다. 인간이 임의대로 끊기가 쉽지 않기 때문에 못마땅해서 외면해도 남처럼 깔끔하게 감정정리가 되지 못한다.

요셉은 비운의 가족사를 갖고 있다. 어릴 때부터 배다른 형들에게 따돌림을 당하고, 미움과 핍박을 당했다. 그것도 모자라 형들은 요셉을 노예 상인에게 팔았다. 졸지에 요셉은 의지할 데 없는 고아가 되어 보디발 장군 집에 노예가 되었다. 세월이 흐르자 요셉은 용모가 준수한 청년이 되었다. 어느 날 보디발 장군 아내가 요셉에게 동침유혹을 했다. 요셉은 거절했다. 화가 난 장군 아내는 계략을 꾸미며 요셉을 감옥살이를 하게 했다. 억울하게 누명을 썼지만 아무도 무고를 탄원해 주지 않았다. 나서주는 가족이 아무도 없었기 때문이다. 13년간 옥살이를 하고 요셉은 감옥에서 나올 수 있었다. 만기 출소를 한 게 아니다. 더 갇혀 있어야 했지만 꿈을 해몽하는 재주 덕분에 그나마 빨리 나올 수 있었다. 극심한 가뭄을 예고하는 애굽의 파라오의 꿈을 해몽해 주었기 때문이다. 신비한 요셉의 꿈 해몽 덕분에 애굽은 가뭄을 대비해서 위기를 넘겼다. 그 공로로 요셉은 왕의 측근에 있게 되면서 실권자인 총리의 자리까지 올라갔다. 그 무렵 애굽의 이방인이었던 고센 땅에 요셉의 가족이 가뭄의 여파로 굶어 죽을 지경에 놓여 있었다. 요셉을 노예로 팔아버린 형들은 애굽에 식량이 있다는 소문을 듣고 구걸하러 왔다. 요셉은 식량을 총괄하다가 형들을 발견했다. 어릴 때 비정하게 자신을 노예로 팔아버린 형들, 고달픈 남의 집살이를 하게 했던 사람들, 누명쓰고 긴 세월을 감옥살이하게 했던 장본인들인 것이다.

남이라면 원수여서 개작두를 대령하라고 했을지도 모른다. 하지만 요셉은 팔을 벌려 형들을 끌어안았다. 결국 굶어 죽을 지경에 놓여 있던 가족들은 애굽으로 이사 와서 요셉에게 의지해서 살 수 있게 되었다.

훗날 성경의 역사를 이끌어 가는 12지파가 그 가족에게서 생겼다. 요셉의 형 유다의 후손에게서 다윗이 태어났고 유대교를 확립한 제2대 왕이 되었다. 다윗이 죽을 위기에 있을 때 목숨을 구해준 요나단은 요셉의 동생 베냐민의 후손이고, 노예였던 히브리 백성을 출애굽 시키고 하나님께 십계명을 직접 받아 낸 모세는 요셉의 형 레위의 후손이다. 요셉의 형들에 의해 성경의 가문이 이어져 간 것이다.

하나님은 한 가족을 통해 세계의 복음의 미래까지 내다보시고 요셉을 이집트 파라오의 오른팔이 되게 했고, 히브리 민족의 지도자가 되어 뿌리를 살리도록 하신 것이다. 이렇듯 가족은 하나님의 크고 놀라운 계획이 있을 수 있기 때문에 개인의 감정으로 좌지우지하는 관계가 아니다. 본래 가족이란 무조건 든든하고 의지할 수 있다고 생각하는 건 환상이다. 요셉처럼 잔인하고 비정한 형제를 만나 긴 세월동안 고통을 겪을 수도 있다.

하지만 가족들 때문에 괴로움을 겪고 희생하는 처지에 놓여 있다면 요셉처럼 하나님이 특별히 주시하는 인물일지도 모른다. 남다른 사명으로 쉽게 단절하지 못하는 가족관계를 통한 인내심, 삶에 대한 깊은 사고, 정신력의 훈련일지도 모른다. 입으로 가르칠 수 있는 교훈이 있고, 직접 경험하면서 터득해야 되는 훈련이 있기 때문이다. 그래서 신앙 안에서는 아무리 못마땅한 가족이어도 버림받아 마땅한 가족이란 존재하지 않는다.

## 불교

가족은 비슷한 업끼리 만난다. 그래서 삶의 수준이 비슷하다. 과거에 선업을 쌓은 사람은 금생에서 능력 있고 인품 좋은 부모를 만난다. 능력 있는 부모를 만난다는 건 평생 삶의 바탕이 든든할 수 있다는 의미다. 그렇기 때문에 부자 부모에게 태어난 자식들은 결혼해서 흩어져 살아도 생활수준이 대체로 윤택하다. 학력이 높아 사회에서 안정된 위치를 선점할 기회가 주어지고, 부모가 경제적인 기반도 마련해 주기 때문이다.

그러나 가난한 부모를 만난 자식들은 독립해도 초라한 환경에서 크게 벗어나지 못한다. 개천에서 용이 나는 일이란 일반적인 게 아니라 예외기 때문이다. 불교에서는 가족에 인연의 겁이 가장 길고 두텁다고 말한다. 부모자식간은 8천겁이고, 형제자매는 9천겁이고, 살을 맞대고 한 몸처럼 사는 부부는 7천겁이다. 부부는 핏줄이 아니어서 가장 짧고, 형제는 한 태안에서 태어난 관계이기 때문에 가장 길다. 1겁은 둘레가 40리 되는 성중에 겨자를 가득 놓고 3년에 한 알씩 가져가서 다 없어질 때까지의 긴 시간이다. 그만큼 숫자로 측량할 수 없는 아마득한 시간을 거쳐 인연이 된다는 뜻이다.

그 정도로 귀한 인연임에도 고통을 주는 가족을 만나는 건 무슨 연유일까? 정도 차이는 있겠지만 많은 가정에 골칫덩이인 가족이 한사람씩은 꼭 있다. 어떤 가족은 살아서 지옥을 경험하기도 한다. 가족을 힘들게 하는 사람들의 공통점이 있다. 세상의 상식, 통념, 논리도 통하지 않고, 개선의 여지도 없다. 빚 받으러 온 사채업자처럼 가족을 호구로 여기며 손을 벌리고 정신적으로 괴롭게 한다. 사채업자는 빌미, 이유도 없이 고무줄 금리를 요구하는 사람이다. 상대방 입장을 헤아려 주거나 고려하지도 않을뿐더러 누울 자리를 보고 다리를 뻗지도 않는 것이다.

불교에서 가족의 만남은 인과의 의한 고리다. 가연이든 악연이든 만나는 이유와 원인이 있다는 의미다. 이 세상에 태어났다는 자체가 극락왕생을 하지 못하고 윤회의 굴레에 매여 있는 것이기에 서로 간에 소멸시켜야 될 무언가 있다는 뜻이다.

사채업자 같은 악연을 만났다면 갚아야 될 빚이 있는 것이다. 빚이란 정산이 되어야 비로소 고리가 끊기는 것처럼 물질, 마음, 시간, 헌신, 인내의 과정이 필요하다. 희생이 싫어서 외면하거나 버린다면 서로가 무거운 업의 고리에서 벗어 날 수 없는 것이다. 채무자를 괴롭히는 사채업자도 잘못됐지만 갚을 게 있는데 노력은 안하고 요리조리 피해 다니는 모양새도 안 좋게 보이기는 마찬가지기 때문이다.

가족을 힘들게 하면서도 개선의 여지가 보이지 않으면 절망감이 느껴진다. 인내의 한계에 다다르면 어느 순간 끊어 버리는 결정을 하기도 한다. 하지만 아무 것도 안한 것 보다는 최선을 다한 노력 후의 결정이어야 한다. 서로가 노력해서 해탈을 이루지는 못했어도 노력한 만큼은 업이 줄어들어 다음 생으로 떠나가는 발걸음은 가벼울 것이다.

# 무신론

삼형제가 있다. 결혼을 안 하고 혼자 살던 맏형이 어느 날 한 사람과 시비가 붙어 싸우다가 살인을 했다. 죄 값으로 20년을 구형 받았다. 사건이 났을 당시 형의 나이는 50대 후반이었다. 가족도 없는 형은 긴 세월을 복역하고 출소를 했을 때 이미 노인이 되어 있었다. 금방 일자리를 구하는 것도 쉽지 않았고 돈도 한 푼 없었다. 두 동생은 천륜이지만 외면할 것인지 끌어안고 가야할 것인지 경계선에서 갈등했다. 형은 감옥가기 전에도 자기 삶을 제대로 책임감 있게 살지 못해 늘 가족을 근심시켰었다. 그러다가 살인자까지 되었다. 동생들은 때로 하필이면 저런 사람이 내형이 되었나 싶어 서글픔이 몰려 올 때도 있었다. 마음을 힘들게 했던 형이기에 외면을 해도 외부로부터 이해를 받을 수 있을지도 모른다. 하지만 두 동생은 핏줄을 버린다는 게 마음이 편치 않았다.

도시 근교에 텃밭 딸린 농가주택을 구해 형을 살게 했다. 작은 밭이지만 자급자족 할 수 있어 경제적 부담을 덜 수 있었다. 그런데 동네에서 형이 살인자라는 걸 알게 됐다. 사람들에게 형은 두렵고 무서운 대상이 되었다. 울타리가 없어도 아무도 찾아오는 사람이 없었고, 형이 길을 지나가면 사람들은 슬슬 피하고 삼삼오오 모여 쑥덕거렸다. 그러다보니 형은 텃밭을 일구다가 사람이 지나가는 기척이 들리면 집안으로 들어갔다. 점점 바깥에 나오는 게 꺼려져 방안에 갇혔다. 고립된 형은 세월이 흐르면서 몸이 쇠약해져 갔다. 밭은 기침소리가 동네에 퍼져도 그 누구도 걱정하며 들여다보는 이가 없었다. 미국의 작가 나다니엘 호손의 '주홍 글씨'의 헤스터 프린처럼 불륜에 대한 죄 값을 감옥에서 치렀지만 가슴에 간통이라는 A(adultery)자를 달고 살아 여전히 형벌에서 벗어나지 못하는 것과 같았다.

　동생들은 형의 모습이 안타까웠다. 그래서 더욱 자주 찾아갔다. 처음에는 사람들이 동생들도 외면했다. 그럴수록 동생들은 그들을 만날 때마다 더욱 공손히 인사하고 노인정에 간식을 배달 시켰다. 웃는 얼굴에 침 못 뱉는다는 말이 있듯이 동생들이 노력을 하자 이웃도 비로소 마음을 열고 미소로 응대해 주었다. 형은 동생들이 다가와 챙겨주는 마음이 고맙고 미안해 순한 양처럼 따랐다. 반성은 선으로 가는 약인 것처럼 우애를 베푸는 동생들에게 보답은 형의 권위, 고집을 버리는 것이었다. 형이 순순하게 따라오자 동생들은 애잔하고, 불쌍해서 더욱 따스한 관심을 베풀었다. 언젠가 이웃이 동생들에게 물었다. "형이 원망스럽지 않나요?"

　동생들은 한참을 고개를 숙이고 있다가 천천히 들면서 말했다. "형이 잘못은 했지만 내 형제인걸요. 남도 돕고 사는데...." 핏줄과 남은 속성자체가 다르다. 남이란 햇빛에 닿으면 사라지는 물방울처럼 싫어서 헤어지면 그만이다. 그러나 가족은 물방울이 아니라 핏방울이다. 핏방울은 햇살이 닿으면 사라지는 게 아니라 응고 된다. 굳은 핏방울은 솔로 박박 문질러 씻어내도 DNA의 흔적이 남는다. 세월이 흘러도 사라지지 않는 것처럼 가족이란 완전한 타인이 되지 못한다.

# 02 / 약한 자의 무기

## 기독교

교회는 사랑을 강조하고 선을 가르치지만 모두 사슴처럼 순한 사람이 되기를 요구하는 것은 아니다. 거친 하이에나, 간사한 뱀처럼 다양한 성향도 존중한다. 어떤 기질이어도 좋다 나쁘다로 구분 될 수 없기 때문이다. 태어난 본성은 하나님이 뜻이 있어 각자 다르게 주신 능력, 재능일 수도 있다.

이 세상의 발전은 사슴처럼 순하고 소극적인 성향만으로는 빛나는 성과를 이룰 수 없다. 거친 하이에나처럼 목표물을 향한 끈질김, 용맹스러운 기질도 필요하다. 자기보다 덩치가 크고 센 상대에게도 거침없이 도전하는 배짱과 전투력은 새로운 변화를 가져오기 때문이다. 세상에는 부드러움과 강하고 거친 기질의 공존은 불가피하다. 마른 농작물에 물을 주기위한 물호수도 있어야 되지만 강하고 거친 포크레인도 있어야 하는 것과 같다. 산을 밀어 도로를 만들고, 낡은 건물을 부수고, 새 건물을 증축하는데 필요하다.

하지만 자신에게 주어진 능력은 바른데 사용하여 자신에게도 복이 되고 세상의 빛이 되도록 힘써야 한다. 하나님은 이 세상에서 최고의 가치는 가난하고 약한 사람들에게 선을 베푸는 일이라고 했다. 함부로 무시하고, 이용해 먹고, 고통을 준다면 사람 눈에도 치졸하고 비겁해 보이지만 하나님도 용서하지 않는다고 했다.

**약하다고 탈취하지 말며 곤고한 자를 압제하지 말라 대저**
**여호와께서 신원해 주시고 그를 노략하는 자의 생명을**
**빼앗으시리라 (잠 22:22~23)**

용맹스럽고 강한성향은 순한 사슴을 물어뜯는데 사용하는 게 아니라 돕는 것이고, 간교한 혀와 독을 가진 뱀은 생명을 죽이는 게 아니라 살리는 데에 있다. 뱀의 독도 약이 될 때가 있지만 혀의 지혜도 동시에 주어졌다. 뱀이 지혜롭다고 하는 이유는 태초의 어미 하와에게 강제로 선악과를 먹인 게 아니라 하와 스스로 따먹게 유도하는 지략이 있었기 때문이다. 바닥에 기어 다니면서 자신을 내려다보는 대상을 상대로 목적을 달성하는 주도성도 뛰어난 것이다. 지혜로운 말로 힘들어 하는 사람을 위로하고, 칭찬하며 다독여 주는 능력이 뱀의 기질에게 있는 것이다.

사슴처럼 순하고 부드러운 사람은 기계에 기름칠을 하듯 세상을 무난하게 움직이는 힘을 갖고 있다. 강하고 거친 사람은 불안감을 느끼게 하는 반면 부드러운 사람은 누구를 만나든 편안함을 주기 때문이다. 특별히 어떤 성과를 내지 않아도 이미 사회정서를 환하게 하는 꽃 같은 존재다.

하나님은 모두를 사랑하지만 아픈 손가락처럼 늘 주목하는 사람은 사슴처럼 약한 사람들이다. 강한 사람들 틈에서 살아남아야 되기 때문이다. 본래 거친 하이에나와 순한 사슴을 한 우리에 넣어 두면 사슴이 위험하다. 언제 잡아먹힐지 모르기 때문이다.

인간들은 한 울타리에서 살아갈 수밖에 없다. 사회라는 공동체에서는 이웃을 선택 할 수 없다. 애당초 약함의 조건은 하나님이 주셨기 때문에 강한 자보다 더 마음 쓰며 지켜 주시는 것이다.

그렇기 때문에 약한 자의 무기는 하나님이다. 하나님의 특별한 관심의 대상이라는 섭리를 깨달은 사람은 세상을 사는 힘이 남다르다. 거칠고 센 사람의 번뜩이는 송곳니도 두렵지 않고, 부자와 명예가 높은 자도 부럽지 않으며, 기가 죽지도 않는다. 어떤 상황에서든 주님이 함께하신다는 걸 기운으로 느끼기 때문에 언제나 당당하고 마음의 여유가 있다. 일상의 삶 속에서 잔잔하고 소박한 기적을 체험한다.

돈 때문에 문제가 생기면 해결하는 지혜를 주시고, 정신적으로 힘들면 돕는 사람을 붙인다. 특히 하나님을 의지하는 사람을 해코지하면 징벌이 나타나는 걸 확인하게 된다. 아빠 손을 잡고 걸어가는 어린아이에게 미친개가 달려들어 물어뜯으면 부모란 가만히 있지 않기 때문이다. 가난하고 약한 자는 주님의 성스러운 옷자락을 붙잡고 가는 어린 양이다. 거칠고 센 사람들 틈 속에서 살기위해 떨리는 손으로 당신의 옷자락을 부여 잡은 어린 양을 주님은 늘 지켜주신다. 든든함을 말로 설명 할 수 없지만 속에서 솟구치는 묘한 기운에 사로잡혀 본 사람은 알 것이다. 믿음에는 범접할 수 없는 무엇인가가 분명히 있다는 것을.

## 불교

부처님에게는 라훌라라는 아들이 있었다. 그는 사미가 되었지만 계율은 아랑곳 않고 종횡무진 제 멋대로 행동했다. 할아버지는 왕이었고 아버지는 공동체의 리더여서인지 거침이 없고 두려울 게 없었다. 국사를 다스리는 할아버지의 능력과 사람의 마음을 움직이는 영성적 리더의 후손인 라훌라는 좋은 기질을 물려받았다. 그럼에도 좋은 쪽으로 발전시키지 못하고 교만하게 사람을 괴롭혔다.

어느 날 부처님은 아들에게 세수 대야에 물을 떠와서 발을 씻으라고 했다. 그리고 그 물을 마시라고 명령했다. 아들은 더러워서 마시지 않았다. 완강히 거부하는 아들에게 부처님은 훈계했다.

"한번 더럽혀진 물은 사람이 먹지 못하기에 버릴 수밖에 없다." 쓸모와 가치를 잃은 물처럼 사람의 영혼도 더러워지면 쓰레기와 다를바가 없다는 뜻이다. 부처님은 왕위보다 해탈이 더 중요하다고 여겨 출가를 했듯이 아들에게도 세속적인 유산을 상속하기보다 업의 굴레에서 벗어나기를 희망했다. 그래서 아들이 사미가 되겠다고 했을 때 허락했었다. 그런데 아들이 오히려 나쁜 업을 쌓자 자기 자신은 스스로가 지킬 수밖에 없기에 냉정하게 가르쳤다.

부처님은 모든 사람들에게 나를 믿고 따라라 내가 너를 지켜 준다고 하지 않았다. 스스로가 자신을 지키며 부처가 되어 살아가야 한다. 중생들은 부처님의 가르침을 삶의 철학으로 받아들여 따르는 것이다. 말 없기로 유명한 중국의 약산 유엄스님도(751-834) 진리는 밖에서 찾는 것이 아니라 내 안에서 찾는 것이라고 했다. 자신의 몸이 법당이고 내가 부처인 것이다. 강한 힘으로 약자를 괴롭혀서 고통스럽게 하는 것은 남의 법당을 부수는 행위다. 불교는 개인의 구도에 힘쓰다가 그 모습에 따라 다음 생이 결정 된다. 그래서 불교의 만(卍)자는 쉬지 않고 돌아간다는 뜻이 내포되어 있다. 몸은 법당이고 행동, 말, 생각, 마음 챙김의 표현은 계율이다. 계율을 어기면 연목구어에 지나지 않는다. 나무 위에서 물고기를 구하는 것처럼 불성의 불일치로는 자신의 법당을 지켜내지 못한다는 뜻이다.

## 무신론

강자와 약자가 씨줄 날줄처럼 얽혀 살고 있는 곳이 사회다. 서로 외부의 작용에 맞물려 영향을 받으며 산다. 명성이 높은 기업가는 사원이 있어야 그 자리를 지킬 수 있고, 사원은 기업과의 능력에 의해 일 할 곳을 제공받는다. 서로는 윈윈의 관계다. 그럼에도 사회란 힘이 지배하는 곳이기에 강자는 언제나 칼자루를 쥐고 약자는 칼날 앞에 놓인다. 그러나 강한 자가 염두에 둬야 되는 게 있다. 약한 자를 업신여겼을 때 나타나는 부작용을 무시하면 도리어 자신이 당할 수도 있다.

십이지간 중에 가장 작은 동물인 쥐가 맨 앞에 있다. 하루가 시작되는 23시에서 1시까지 활동하는 순서지만 쥐는 재운을 불러온다는 상징적 의미가 있다. 그러나 그 쥐가 작고 더럽다고 함부로 취급했을 때 엄청난 불운을 겪은 나라가 있다.

로마가 도시를 더럽힌다고 쥐잡기를 했다. 쥐들은 살기 위해 사람의 기척이 들리면 더욱 어둡고 습한 곳으로 숨어들어 갔다. 쥐들은 늘 긴장 속에서 살다보니 스트레스를 받아 페스트균이 생겼다. 자동적으로 쥐들이 다니는 곳마다 균이 퍼져나가 많은 생명을 잃었다. 결국 전쟁이 났을 때 대항 할 병사가 없어 패했다. 강자가 칼을 함부로 휘두르면 약자는 피해 달아나지만 그 길목마다 페스트균이 퍼져 나간 것처럼 오늘 날에는 방송, cctv, 네티즌들이 움직이다. 인간세계는 동물처럼 양육강식이 당연한 게 아니라 상식, 통념, 도리, 윤리의 지각이 지배하는 세계다. 네티즌들의 이성과 마음이 가해자는 징계하고 피해자는 외롭게 혼자 버려두지 않는다.

# 03 /
# 모든 만남에는
# 이유가 있다

### 기독교

살아가면서 내 마음에 쏙 드는 사람을 만날 수 있을까? 누구나 그런 만남을 염원하지만 쉽지 않다. 돈 버는 것보다 인간관계가 더 어렵다고 현대인들이 토로하는 걸 보면 어쩌면 평생을 기다려도 만나지 못할 수도 있다. 하지만 사회성이 부족하고 인격이 나빠서 곁에 사람이 없는 게 아니다.

하나님의 섭리는 다른 유형이 만나지도록 되어 있다. 애초에 빨간색, 파란색, 노란색 등 각양각색으로 창조되어서 아름다운 조화가 이루어지기를 바라셨기 때문이다. 같은 색깔끼리의 만남은 변화가 일어나지 않는다. 빨간색과 비슷한 주황색이 섞이면 새로움이 나타나지 않는다. 그러나 빨간색이 자기와 다른 흰색을 만나면 분홍색이 나오고, 파란색이 섞으면 보라색으로 변한다. 다른 색과의 만남으로 새로운 창조, 발전, 흥미, 도전이 생기며 함께 성장하는 것이다.

나무 같은 움직이지 않는 소극적인 사람이 자기하고 똑같은 사람을 만나면 산 속에 우두커니 서 있는 두 그루의 나무일뿐이다. 같은 처지, 입장, 비슷한 모양이어서 서로 이심전심으로 통해 정서적으로 안정감은 얻겠지만 두 사람을 통해 하나님의 뜻이 활발하게 진행되지는 못한다.

하나님은 인간이 자신에게 있는 것을 사용해 개인적인 성취도 이루고 세상을 발전시키고 빛내는데 참여하기를 바라신다. 나무는 불쏘시개 같은 역할로 세상을 따뜻하게 하고 좋은 목재가 되어 다양한 생활 가구로 공급되기를 원하신다.

나무가 효과적으로 활용되려면 반대의 유형을 만나야 한다. 번지는 속성이 있고, 열정적이고, 활동성이 강한 불같은 사람이거나 도끼를 든 벌목꾼을 만나야 한다. 나무는 도발적인 도끼를 만나야 목재소로 가서 갖가지 의자, 책상, 가구로 변신 할 수 있고, 아궁이에서 불을 만나므로 방도 따뜻해지고 음식도 만들어진다.

자신과 다른 유형은 거슬리고 피곤할 때도 있다. 그렇지만 서로의 만남에는 이유가 있다는 걸 상기하면 너그러움이 생긴다. 나무는 그들을 통해 제 사명을 완수하는데 도움을 받지만 불과 벌목꾼 역시도 소심한 나무의 발이 되고 날개가 되어주므로 하나님의 뜻과 계획에 동참하는 것이다. 또한 나무처럼 움직이지 않는 사람을 만남으로 불같은 사람은 소방관을 만나는 격으로 불필요한 불길을 잠재울 수 있고, 벌목꾼의 거친 돌진력은 한쪽의 무심함으로 멈출 수도 있다.

그러나 나무 같은 사람은 인연을 맺을 때 신중을 기해야 한다. 열정이 강한 불, 단호하고 대담한 도끼 같은 사람에게 무턱대고 분별없이 다가갔다가는 위험하다.

불같은 사람이란 열정적인 활동력은 장점이지만 동시에 산만한 게 특징이다. 항상 동분서주 나대기 때문에 가까이 있다가 어느 순간 불똥이 튀어 타버릴 수 있다. 의도치 않게 남의 일에 휘말려 곤혹을 치루며 속이 까맣게 타버려 재가 될 수도 있다는 뜻이다. 또한 제 성질을 다스리지 못하는 경솔한 벌목꾼을 만나면 자칫 잘못 휘두른 도끼에 찍혀 산에 방치되어 썩을 수도 있다. 아무런 의미, 가치, 쓸모없이 희생되는 것이다.

자신이 나무 같은 성향이라는 생각이 든다면 다른 성향을 만났을 때 안전거리를 염두에 두어야 본인도 지키면서 상대도 죄를 짓지 않도록 막아 줄 수 있다.

본래 인간관계에서는 만족감이란 없다. 아무리 긴 세월동안 이어지는 친구도 흡족하지 않다. 서로 배려, 이해, 존중, 양보로 관리하며 나아가는 것이다. 그러나 하나님은 병든 사람에게는 의도적으로 건강한 사람을 붙이신다는 섭리를 깨달으면 인연이 소중하고 감사한 대상으로 여겨진다. 내가 잘나서 좋은 인연을 만나고 그가 내 곁에 머물러 주는 게 아니다. 병났을 때 의사를 찾아가야 되는 것과 같은 이치다. 하나님이 보실 때에 내게 필요해서다.

병들어서 비틀 거리는 사람끼리 붙여 놓으면 얼마가지 못하고 둘 다 쓰러지게 마련이다. 병들거나 약한 사람은 강하고 건강한 사람을 만나야 부축해 줄 수 있기 때문에 전체를 위한 하나님의 조치일 때가 있는 것이다.

누구나 약해지고 병이 날 때가 있다. 그런 순간에 만나지는 사람이 있다면 유심히 살펴보는 것도 기회다. 하나님이 나를 위해 인도하신 만남일지도 모른다. 그래서 하나님 안에서는 우연의 만남은 없다고 한다.

## 불교

이 세상에서 어떤 만남이든 인과의 결과다. 인과설은 불교가 발생되기 이전에 인도 고대의 성전에도 쓰여 있었다. 착한 행위를 통한 가연과 악한 행동으로 인해 힘들게 하는 악연을 만나는 건 자신이 만든 인연인 것이다.

현재의 인연은 과거에 영향을 받은 인연이다. 그렇기 때문에 현재 아무리 선하고 착하게 살아도 고통을 주는 인연을 만난다. 아무리 노력을 해도 여전히 부모 복도 없고, 배우자 복도 지지리도 없으며, 자식은 속을 썩이고, 사기꾼을 만나 돈 잃고 마음고생하며, 약삭빠른 사람을 만나 억울하게 이용당한다.

현재의 삶이 과거와 연관관계가 있다는 근거는 늑대처럼 타인을 물어뜯어 제 배를 채우는 못돼먹은 인품이어도 좋은 부모, 능력 있는 배우자, 효도하는 자식, 어려운 일이 생기면 돕겠다고 나서주는 사람까지 있는 것을 볼 수 있다.

선한 사람들이 악한 사람을 만나 고통을 당하는 만남의 비밀은 도대체 무엇인가?

현재의 삶은 업력(業力)의 원리에 따라 살아가는 것이다. 과거의 업력은 비껴가지 못한다는 뜻이다.

이 세상에서 어떤 인연이든 꽃을 피우기 위한 노력은 끊임없이 해야 한다. 전생에 나라를 구해 화려한 인생이 주어졌다고 해도 금생에서 잘못 살면 잡초를 키우는 것에 불과하다. 그릇되고 나쁜 모습은 사람들의 마음과 눈길을 끌지 못하고 외면의 대상이기 때문이다.

잡초는 부지런하게 뽑아 버려야 꽃송이도 아름답고 튼실한 줄기를 유지 할 수 있는 것처럼 자신을 가꾸는데 게을러서는 안 된다. 잡초가 무성한 황무지로 방치되면 미래에 본인이 그 곳에 머문다는 게 불교의 법칙이다.

## 무신론

이 세상에서 가장 큰 복의 만남은 부모를 잘 만나는 일이다. 평생 삶의 질의 영향을 받는다. 물질, 정신, 사람관계까지도 좌우된다. 좋은 환경은 자석에 붙는 쇳가루처럼 어디를 가든 사람도 붙는다. 사회적으로 높은 위치에 있는 사람의 호의는 쉽게 감동을 이끌어 낼 수 있기 때문이다.

좋은 환경을 가진 사람에게 눈길이 가고 마음이 끌리는 건 자연스럽다. 사진을 찍을 때 뒤에 멋진 배경 앞에서 포즈를 잡는 것과 같다. 배경이 어둡고 초라하면 무심할 수밖에 없다.

그렇지만 자신의 입지가 초라하다고 해서 기죽을 것은 없다. 인생이란 남의 배경이 되려고 태어 난 것은 아니기 때문이다. 현실적으로 가난한 사람이 부자 옆에 머문다고 해서 엄청난 도움, 혜택을 받을 것 같지만 실재로는 그렇지도 않다.

인간은 누구나 저울을 갖고 있다. 기본적으로 욕심이 있기 때문에 자기 것을 조건 없이 내어 놓지 않는다. 무엇을 얻는다면 그만큼 대가를 치러야 한다. 가난한 사람이 부자에게 떨어지는 콩고물이라도 얻으려면 비위를 맞춰주고, 시키는 대로 따라 주어야 하는 것이다.

결과적으로 가난한 사람은 부자를 더욱 부요하게 해줄 뿐이다. 누군가 나를 따르고 대접해 준다면 자긍심이 올라가고 기분 좋은 일이다. 부자는 흔적도 나지 않는 껌 값 정도의 선심을 가난한 사람에게 쓰면서 정신의 풍요로움까지 득을 보는 것이다. 반면 가난한 사람은 받은 대가를 톡톡히 치르면서 비굴한 자신의 모습에 서글프고 초라함을 느낀다. 작은 걸 받는 대신 영혼은 더욱 가난해진다.

자연에 있는 꽃나무는 누군가의 손길에 의해 자라지 않는다. 바람, 햇빛, 비, 공기를 만나 성장하고 아름답게 핀다. 바람은 흔들면서 운동을 시키고, 광선이 내려 앉아 미술의 대가도 흉내 낼 수 없는 빛깔을 만들고, 비의 수분 공급으로 생명은 자란다.

자신의 모습이 약하고 가난하다면 마음의 거래가 오고가는 외부에 대해서는 초연하게 살아야 한다. 작은 것을 얻는 대신 자신을 잃을 수도 있기 때문이다. 남의 삶에 붙어살게 되면 평화, 만족, 기쁨이 없다.

세상에 서 있는 내 인생의 나무는 스스로 지키고 가꾸는 것이지 아무도 대신 해주지 않는다는 점을 잊어서는 안 된다. 타인에게 무언가를 바라지도 말고 기대하지 않아도 인간은 살아진다. 자신이 인연의 복이 박하다고 느껴 질 때는 부자에게 관심을 갖기보다 자신만의 매력, 온기, 소통의 능력을 갖추는데 주력해야 한다. 매력의 꽃을 피우면 지나가던 발길을 멈추게 하고, 벙긋벙긋 웃는 환한 미소도 만난다.

# 04 / 고난의 반전

## 기독교

믿음 안에서는 고난은 은혜라고 역설적으로 말한다. 얼핏 말도 안 되는 소리로 들린다. 하지만 당시는 힘들어도 훗날 돌아보면 고난의 토대로 새로운 삶이 펼쳐졌다는 것을 깨닫기 때문이다.

누구나 살다보면 허들경기의 장애물처럼 고난을 만난다. 인생이란 허들경기 선수처럼 훈련을 하고 출발하는 게 아니어서 뛰어넘다가 다치기도 한다. 하지만 각 사람마다 부딪치는 장애물의 높이가 다르고 횟수도 차이가 있어 고난 정도가 다르다는 점에 주목해야 한다.

어떤 사람의 인생은 장애물을 만나기는 하지만 평지를 걷듯 순탄해 보이고, 어떤 사람은 험한 계곡을 오르내리듯 고달프다. 그 이유는 하나님이 보통의 삶을 허락한 사람과 어떤 목적을 위해 특별한 훈련이 필요한 경우가 있기 때문이다.

중세시대의 검투사들도 가장 기온이 낮은 지역과 열악한 환경에서 훈련을 받았다. 극한의 환경에서 살아남은 자는 정신력도 남다르고 두려움이 없어져 실전에서 최대의 능력을 발휘한다. 혹한의 추위에서 단련된 몸이 적당한 온도에서는 매우 날렵하고 가벼워 승리를 거두는 것이다.

하나님도 검투사의 훈련처럼 어떤 기대를 갖고 있는 사람은 남다른 훈련을 시키신다. 하지만 모든 고난이 하나님의 뜻은 아니다. 자신의 삶의 태도가 잘못되어 어려움을 겪는 경우도 있다. 욕심, 무절제, 교만, 경솔함으로 스스로 불구덩이에 들어가서 발이 뜨겁다고 아우성치는 사람도 있기 때문이다. 자초한 고통과 하나님이 주시하는 고난은 차이가 있다.


이스라엘 백성들은 애굽을 떠나 광야로 나오는 순간부터 고난이 다가왔다. 뒤에는 백성들을 죽이기 위해 최강의 정예부대인 애굽의 병사들이 맹렬히 추격해 오고, 앞에는 홍해 바다가 가로막고 있었다. 피할 길 없는 백성들은 죽음의 공포로 떨어야 했다.

백성들이 자신들을 이끌어 낸 모세를 원망하고, 떠나 온 것에 후회하며 두려움이 고조될 때 모세가 하나님께 도움을 요청했다. 그 순간 기적처럼 바다가 갈라져 물 사이로 도망할 수 있었다. 그러나 또다시 시련은 계속 됐다. 200만이 넘는 사람들이 함께 이동하면서 물과 양식이 부족해서 아우성을 쳤고, 서로 생각이 달라서 논쟁이 생기는 인간관계도 만

만치 않았다.

그럴 때마다 모세는 하나님께 의지했다. 노예였던 자기 민족을 내 놓으라고 이집트 파라오를 상대로 담판 짓던 사막의 목자 모세는 시련이 다가와도 남다른 결단력, 강단으로 백성들을 이끌었다.

그러나 선두에 섰던 모세가 목적지인 가나안 땅에 들어가지 못하고 죽었다. 하지만 뒤를 이어 여호수아가 이끌었다. 여호수아는 그동안 모세의 오른팔이 되어 함께 전략을 짰고, 자기를 내세우지 않는 겸손한 자였고, 위험한 곳에는 앞장섰던 인물이다. 구약의 예수라고 할 만큼 사람에 대한 애정이 많았고, 모세처럼 오직 하나님을 신뢰하는 사람이었다.

드디어 이스라엘 백성들은 험난한 고비를 넘나들며 가나안 국경까지 왔다. 그러나 가장 결정적인 문제가 나타났다. 목적지에 입성하려면 먼저 앞에 놓인 여리고 성을 정복해야 했다. 여리고 성은 난공불락의 구조를 가졌다. 벽의 두께가 2미터이고 높이는 7미터인 이중벽이었다. 여리고성의 거민들은 잘 먹어서 체구도 유대백성보다 컸고 장성의 숫자도 훨씬 많았다.

여리고 성의 거민들은 광야의 백성들을 순순히 받아주지 않아 전쟁이 불가피했다. 그러나 이스라엘 백성은 성을 올라갈 사다리도 없고 칼과 활도 없었다. 도저히 이길 수 없는 절망의 상태였다. 하지만 그들은 지나온 날들 동안 하나님이 어떻게 역사했는지를 떠올리며 하나님께 합심기도를 했다.

그런데 하나님은 얼토당토 않는 방법을 일러주었다. 여리고 성 둘레를 칠일동안 침묵하며 한 바퀴를 돌고, 마지막 날에는 연속적으로 일곱 번을 돌되 마지막 바퀴를 돌 때는 나팔을 불라고 했다.

백성들은 황당하다는 생각이 들었다. 하지만 지금까지 하나님이 나타낸 기적은 상식, 논리적인 추리가 불가능 했었다. 백성들은 순종하는 마음으로 그대로 했다. 드디어 마지막 날이었다. 유대민족은 연속적으로 여섯 바퀴를 돌고 일곱 번째에 나팔을 불며 크게 외쳤다.

"이 성은 여호와께서 우리에게 주셨느니라."

그 순간이었다. 우레와 뇌성이 울리며 여리고 성은 무너져 내렸다. 성이 무너지자 여리고 성 거민들은 우왕좌왕했다. 유복해서 쾌락에 젖어 살았기 때문에 덩치는 컸지만 지략과 힘이 없었다. 반면 유대 민족은 노지의 생활로 뼈와 근육이 단단했다. 모래바람이 부는 곳에서 우물을 파야했고, 짐승을 맨몸으로 상대하며 살아남은 자들이었다. 광야의 정신은 무서울 게 없었다.

결국 여리고 성은 유대민족이 차지했다. 창, 칼, 활의 무기가 아니라 믿음과 그동안 훈련된 근성으로 승리를 거둔 것이다.

그들이 차지한 가나안 땅은 세상가운데 하나님의 나라가 세워질 모델의 건국이었다. 그곳에서부터 하나님의 역사는 새롭게 시작되어 오늘날까지 이어지고 있다.

하나님은 누군가에게 남다른 시련을 줄때는 그 사람을 통해 이루고자 하는 뭔가가 있다. 그것이 무엇인지 찾으려고 하면 발견하도록 하나님은 도와주실 것이다. 나에게 무언가를 주려고 내미는 손이 있다는 것을 알고 관심을 두는 것은 중요하다. 그 것에서부터 시작이기 때문이다.


## 불교

관세음보살은 싯타르타처럼 깨달음을 얻은 부처다. 모든 걸 내려다보는 신적의미가 있다. 관세음보살은 어려움을 당한 중생이 부르는 소리를 듣고 나타나 자비롭게 구해준다고 믿는 기도대상이다.

하지만 중생을 건져준다는 뜻은 상징적이다. 관세음보살은 중생들이 걸어가는 그 길을 이미 닦아 놓은 자다. 그 길을 알기 때문에 고통에서 벗어날 수 있는 방법을 알고 있어 도움을 줄 수 있다.

도와준다는 의미는 관세음보살을 부르다보면 어느새 자신 안에 있는 미혹을 깨달아 무거움에서 벗어날 수 있다. 새로운 마음, 각오, 용기가 생기는 것이다. 마음의 힘은 산도 움직일 수 있을 만큼 강할 수 있기 때문에 효력이 큰 것이다.

각자의 삶은 업의 사이클대로 순환한다. 관세음보살은 누군가의 개인의 업을 소멸시켜주고 타인을 좌지우지하는 존재가 아니다. 본인의 업은 스스로 소멸시켜 나아가야 한다. 관세음보살은 인간의 생사화복의 원리를 알기 때문에 좋은 것은 더하고 나쁜 것은 피하도록 일깨워 주는 정신적인 진리의 보살일 뿐 물리적인 기적을 일으키는 분은 아니다.

불교는 기본적으로 자기수행을 중시한다. 누구나 어려움에 처하면 누군가의 도움을 간절히 바란다. 하지만 수호자는 결국 자기 자신이다. 관세음보살의 수호는 인간과 다른 차원의 숭배대상이 아니다. 괴로움의 근본을 깨달은 지혜의 보살이어서 무릎을 베고 있도록 내어주는 것처럼 편안할 수 있도록 중생의 마음을 움직여 주는 기운이다.

부처님은 이 세상에서 느끼는 감정은 본래 없는 것이라고 했다. 제법무아(諸法無我)다. 없는 것에서 내가 가지면 집착이 되고 스스로 올가미를 쓰는 것이라는 뜻이다. 시련 때문에 느끼는 고통도 본래 없는 것이기에 미혹에 사로잡히지 말라는 의미다.

# 무신론

누구나 인생길에서 예기치 않는 복병의 시련을 만난다. 자신의 잘못과 실수의 부작용으로 문제가 생기기도 하지만 운명적인 시련도 있다. 길 가는데 뒤에서 공격하면 당할 수밖에 없다. 불가항력인 불운도 때로는 있다.

어떤 어려움이든지 평소 시련에 대해 정면도전의 각오를 해두면 허둥대지 않고 다소 침착하게 대처 할 수 있다. 부지불식간에 다가올 수도 있는 장애물이라면 두려워하기보다 각오를 하면 정신적인 긴장감이 완화된다. 어차피 불안해하고 속상해 한다고 해결 되지는 않기 때문이다. 마음먹기에 따라 이미 시련의 절반은 극복이다.

당나라 시인 두보의 곡강시에서 유래된 '종심'이라는 말이 있다. 고희에서 비롯된 마음상태를 뜻한다. 인생의 수많은 경험으로 만물의 이치를 통달해서 마음가는대로 해도 법도를 넘지 않는다는 말이다.

하지만 젊은 사람, 사춘기, 청년이 삶의 사유나 철학에 빠지는 것은 장려할 일은 못 된다. 시련, 승리, 실패, 성취를 넘나들며 정신의 안목과 정신력을 길러야 되기 때문이다.

하지만 상황에 따라 '종심'의 정신을 참고하면 도움이 될 때가 있다. 인생을 축약한 '종심'의 정신은 자기 자신을 바로 알아 스스로의 가이드라인을 갖게 하기 때문이다.

물질 때문에 누군가와 다툼이 생겼을 때 악착을 떨면 오히려 잃을 수도 있다. 남의 주머니에 있는 돈을 뺏으려고 할 때 상대도 가만히 있지 않기 때문이다. 본래 내 것인데 상대가 착취를 해서 도로 찾는 것일지라도 순순히 내놓지 않으면 싸울 수밖에 없는 것이다. 하지만 세끼를 못 먹으면 두끼로 살겠다는 각오를 하면 금방 고통에서 벗어난다. 상대에게 뺏기는 게 아니라 양보에 의미와 가치를 두면 마음을 비우기 쉽다.

인간관계의 갈등으로 괴롭다면 자존심을 내려놓을 일이다. 설혹 상대가 자신을 무시했다손 치더라도 그런 마음을 가진 사람이 나쁜 것이지 당한 사람이 나쁜 게 아니다. 남의 인생관과 생활태도는 내가 상관할 바가 아니다. 나쁜 사람에게 내 인생을 맞추며 끌려 다닐 필요는 없는 것이다.

종심의 정신은 매사 무덤덤하고 초연한 경지다. 남을 이겨 먹겠다는 오기, 교만, 욕심, 이기심, 끝까지 자기만 내 세우는 자존심은 어떤 문제도 해결이 아니라 연속적으로 고난을 발생시킨다.

세상을 사는 동안 꼭 필요하고 악착같이 챙길만한 게 아닌 것은 무엇이든 내려놓고 버리고, 비우는 자세가 중요하다. 마음의 자세에 따라 고난이 다가와도 좀 더 쉽게 지나갈 수 있다.

# 05 / 천륜과 인연

## 기독교

이 세상에서 맺어진 천륜도 하나님의 계획이지만 인연도 하나님의 개입이다. 천륜도 내 의지로 맺어진 게 아니지만 인연도 내 곁에 오도록 내가 이끈 게 아니다. 먼저 옆에 온 사람을 선택해서 인연이 되는 것이다.

천륜인 가족을 자신이 선택 할 수 있다면 아마도 지금의 부모와 형제가 아니었을지도 모른다. 특히 속 썩이는 부모나 형제가 있는 사람은 자기 발등을 찍어 버리고 싶지 않을까? 하필이면 왜 저런 사람을 선택했을까 싶어 자괴감으로 한탄스러울 것이다. 사람을 잘못 선택해 고통을 겪는 경우도 마찬가지다.

누구나 가족이든 남이든 자신에게 도움이 되고 인격이 좋은 사람을 만나기를 소망한다. 하지만 아무리 애써도 내가 원하는 만남은 쉽게 이루어지지 않는다. 하나님은 내가 좋아하는 사람을 붙이기보다 필요한 사람을 만나게 하기 때문이다.

모세는 노예의 자식으로 태어났다. 그 당시 애굽의 바로왕은 노예의 자식들의 숫자가 늘어나는 것이 두려워 사내아이들은 태어나자마자 죽이라는 살인 명령을 내렸다. 그러나 모세는 지혜로운 엄마와 누이가 있었다. 누이는 노래를 잘해 왕궁에서 노래하는 시녀였다. 그렇기 때문에 왕궁의 인물들과 사정을 잘 알고 있었다.

어느 날 누이는 동생 모세를 살리기 위해 갈대 상자에 넣어 강물에 띄워 궁정으로 흘러들어가게 했다. 그 날은 바로의 딸 하셉투스가 목욕하는 날이었다. 하셉투스는 강물에 둥둥 떠내려 오는 모세를 발견해 입양했다. 하셉투스는 일찍 딸을 잃었기에 모든 사랑을 모세에게 쏟았다. 그뿐만이 아니라 양 엄마인 하셉투스는 남장을 하면서까지 왕좌를 군림한 카리스마가 있는 여성이었다. 모세는 그런 엄마의 자식으로 호화로운 생활과 정신적, 육체적 교육을 받았다. 애굽의 군사학, 역사학, 용병술을 배운 것이다.

훗날 모세가 애굽의 노예였던 200만명이 넘는 이스라엘 백성을 탈출시켜 40년간 광야 생활을 하며 민족을 이끌 수 있었던 힘은 하셉투스를 통해 지도자의 자질을 키울 수 있었기 때문이다.

모세는 천륜인 생모와 누이로 인해 살아남을 수 있었지만 인연인 하셉투스의 영향도 받았다. 하지만 천륜도 인연인 하셉투스도 모세가 원해서 맺어진 사람들이 아니다. 하나님이 모세에게 필요해서 붙인 사람들이다.

그렇기 때문에 살아가면서 도움을 주는 사람이든 고통을 주는 사람이든 하나님이 뜻이 있어 내 옆에 배치한 사람들이다. 좋은 만남을 통해서는 공동체의 발전과 자신을 더욱 빛나도록 성장을 가져오고, 고통의 만남을 통해서는 자신에게 타인을 괴롭히는 습관, 그릇 된 성향의 요소가 있는지 살펴보라는 의미다. 나쁜 만남을 통해서는 직접 고통을 겪으면서 당하는 사람의 심정을 알게 되어 주의하게 되는 것이다.

중요한 것은 나쁜 만남도 성숙되기를 바라시는 하나님의 조치인 걸 깨달으면 감사하게 여겨진다. 괴롭게 한 사람에게 가서 고맙다고 인사를 해야 된다는 뜻이 아니라 받아들이는 생각의 변화를 의미한다. 고통을 겪었지만 그 사람을 통해 내가 다듬어지는 기회가 주어졌다면 은혜의 대상임에는 틀림이 없는 것이다.

고통을 주는 만남이어도 믿음의 완성을 이루도록 돕는 사람들이기에 미움, 원수가 아니다. 그래서 하나님은 원수도 주리면 외면이 아니라 먹이라고 하셨다. 이 세상에서 만나는 모든 사람은 나를 위해 하나님이 붙인 인연이기 때문이다.


## 불교

이 세상에서 즐거움과 든든함을 주는 만남이 있다면 과거에 마음의 씨앗을 많이 뿌렸다는 증거다. 현재란 그 열매를 거두는 곳이기 때문이다. 현재의 삶이 꽃을 보듯 즐겁고, 무엇을 먹고 살아야 하는지 걱정하지 않는다면 풍성한 열매를 거두고 있다는 확인이다.

반대로 고통, 허기, 불쾌감, 손해만 끼치는 만남이 지속 된다면 과거에 인색했다는 뜻이다. 뿌린 게 없으니 거둘게 없다. 사방을 둘러봐도 겨울처럼 삭풍이 불고 빈가지 뿐인 환경이다.

그런 인생은 과거에 누군가 배고프다고 했을 때 모르는 척 했고, 어렵다고 호소하는데 외면했고, 불친절로 기분 나쁘게 했고, 외로울 때 친구가 되어 주지 않았다.

물리적인 조건 차이는 있지만 마음의 씨앗은 누구에게나 있는 것이기 때문에 나누고 베풀 수 있다. 친절, 미소, 친구가 되어 주는 것, 추운 날 따뜻한 믹스 커피 한잔 타주는 일, 배고픈 사람에게 라면 하나 끓여 주는 건 누구나 할 수 있는 일이다. 물질이 많지 않아도 할 수 있는 일이기에 없어서 못했다는 말은 핑계이고 변명이다. 결국 과거의 건조한 삶은 현재에 영향을 미쳐 겨울 같은 인생을 살게 되는 것이다.

여유가 많고 좋은 토양인 환경이란 싹을 틔우는 조건일 뿐이다. 아무리 좋은 토양이어도 씨앗을 뿌리지 않으면 좋은 결과를 얻을 수 없다. 반대로 토양이 나빠도 흙갈이를 하고, 거름을 뿌리고, 물을 주는 수고를 하면 좋은 결과를 얻을 수 있다. 그런데 토양도 나쁜데다 노력도 하지 않으면 아무런 일도 일어나지 않는다.

한마디의 친절, 미소는 하잘 것 없고 가벼운 게 아니다. 관공서의 직원이나 가게에 물건 사러 갔을 때 불친절하고 무시하는 말투를 들으면 불쾌하다. 삶이 힘든 사람에게는 작은 친절, 미소도 세상은 살만하다는 마음을 갖게 하는 큰 힘이 된다.

최고의 선은 나보다 부유하고 잘난 사람의 필요를 들어주기보다 가난하고 약한 사람을 향한 관심이다. 부자의 생일에는 신경 써서 형편에 무리한 선물을 해 주어도 창고에 처박힐 수 있다. 하지만 가난한 사람에게는 작은 선물도 기억하는 기쁨의 선물이 된다. 자신의 소중한 마음을 가치 없이 팽개치는 사람에게 마음 써봤자 무용지물이 된다는 것은 의미 없이 사라진다는 뜻이다. 소중하게 간직하는 상대에게 하는 게 빛나게 유지되어 반짝이는 일이다.

## 무신론

능력 있고 인품 좋은 부모, 든든한 형제, 도움을 주는 인연들을 만나는 사람들을 보고 전생에 나라를 구했을 것이라고 한다. 그들을 눈여겨보면 좋은 걸 발견하는 안목이 뛰어난 것도 아니고, 선한 마음으로 덕을 베풀지도 않는데 잘 먹고 잘사는 이유를 세상의 논리로는 답이 나오지 않기 때문이다.

아기가 언제 좋은 일을 많이 했다고 인품 좋고 부자인 부모에게 태어나는 것이겠으며, 젊은 연예인이 선한 일을 얼마나 했다고 돈과 대중의 관심을 얻을 수 있다는 말이겠는가.

만남이 자신의 수고와 상관없이 이루어지는 것이라면 악착, 집착, 욕심, 애착은 부질없다는 뜻이다. 운명이든 복불복이든 노력과는 상관없는 일은 무덤덤하게 받아들이는 게 자신에게 유리하다. 좋은 인연을 못 만나는 것은 내가 나빠서도 아니고 인생을 잘못 살아서도 아니라는 점은 분명하기 때문에 당당할 수 있는 것이다.

어차피 노력해도 안 되는 것이라면 신경 쓸 필요가 뭐가 있겠는가. 그냥 내가 좋은 마음으로 살면 잘 사는 일일 것이다. 남의 마음에 들어가려고 애쓰지도 말고, 내 맘에 누군가를 담으려고 하지 않으면 바람처럼 자유롭다. 바람이란 머물지 않는다. 지나가는 것처럼 자유로운 정신은 주변 사람들에게도 부담을 주지 않아 서로가 가볍다.

고려시대의 고승 지눌(1158-12100)은 초심자들에게 당부할 때 세속과의 왕래는 도심(道心)을 잃게 만든다고 했다. 평범한 삶을 버리라고 한 게 아니라 인연 때문에 수행에 방해를 받지도 말고, 인격, 성품을 더럽히지 말라는 뜻이다.

# 06 / 인덕의 진실

## 기독교

인복은 내 노력 없이도 물질과 도움을 주는 인연을 만난다. 태어날 때부터 능력 있는 부모, 든든한 형제, 좋은 인연을 만나 혜택을 받는다. 그러나 인덕은 상대성을 내포한다. 물질이든 마음이든 내가 먼저 나누고 베풀어야 돌아온다. 그렇다고 반드시 뿌린 만큼 돌아온다는 보장이 없다. 때로는 이자가 붙어 돌아오기도 하지만 손해일 때도 있다.

자신이 수고한 만큼 되돌아오지 않는다는 전제는 맥이 빠지는 일이다. 그렇지만 준 것을 도로 빼앗아 올 수 없으니 점점 피해의식이 생기고 정서도 건조해 진다.

인덕이 없는 사람은 이미 가족관계에서부터 서글픈 조짐이 나타난다. 하나같이 가족들이 도움을 주기보다 희생을 해야 되는 처지에 놓여 있다. 팔 아프게 펌프질해서 빈 항아리를 채워줘도 밑 빠진 독에 물 붓기처럼 끊임없는 수고가 따른다. 가족뿐만이 아니라 인간관계에서도 도움을 받기보다 내 것을 내어주어야 되는 사람들이 만나진다.

세상적인 관점으로는 인덕이 없다는 건 분명히 서글프다. 하지만 하나님의 법칙으로는 반전이 숨어있다.

예수님도 인덕이 없었다. 죽은 생명을 살려주고, 질병도 치료해주고, 배고프면 먹이고, 외로운 사람에게는 친구가 되어 주었다. 그런데 대제사장 무리들의 농간으로 십자가를 지고 채찍을 맞으며 골고다 언덕을 오를 때도 혼자였고, 공중에 매달려 피 흘리며 처절한 고통으로 신음 할 때도 외로움 속에 있었다. 지금까지 도움을 받았던 사람들은 다 어디로 간 것인가? 함께 먹고 자며 정을 나누었던 제자들은 무엇을 하고 있는 것인가? 함께 뭉쳐서 촛불시위를 하고 구명운동은 커녕 누구 한 사람 나서서 편들어 주고 대항해 주는 사람이 없었다.

그러나 예수님은 사람들을 향해 서운해 하지도 않았고 책망하지도 않았다. 자신이 이 땅에서 해야 될 일에만 집중하셨다. 미리 그렇게 될 것을 예언하셨기 때문이다.

**너희가 제각각 흩어지고 나를 혼자 둘 때가 오나니.**
**그러나 내가 혼자 있는 것이 아니라 아버지께서 함께 계시느니라.**
(요한복음16:32)

예수님은 사람들에게 많은 것을 주고도 아무 것도 받지 못했지만 인류를 살리셨다.

혹시 인덕이 없어 서글프다는 생각이 드는 사람이 있는가? 그렇다면 불행이 아니라 하나님과 특별한 관계에 놓여 있을 확률이 높다. 하나님은 연약하고, 초라하고, 약한 사람을 들어서 쓸 때가 있다. 특수한 입장에서 직접 부딪치며 느끼고, 얻는 깨달음을 사용하시기 때문이다.

연약한 처지에 놓인 사람은 의지할 곳이 없기 때문에 어린 아이가 엄마 치맛자락 붙잡고 걸어가는 것처럼 때 묻은 손이지만 예수님의 성스러운 옷자락을 잡고 세상을 걷는다. 힘없는 작은 아이는 엄마 치맛자락만 붙잡고 가면 아무런 걱정, 두려움이 없다. 누군가 나타나 해코지를 하면 엄마가 가만히 있지 않는다는 걸 본능적으로 알기 때문이다.

예수님 옷자락 잡고 동행하는 사람은 삶속에서 하나님의 작용이 나타나는 걸 수시로 확인 할 수 있다.

1. 외부에서 받은 게 하나도 없어도 집에 쌀독이 마르지 않는다.
2. 자식의 삶이 평탄하다.
3. 이 세상에 사는 동안 딛고 설 터가 마련된다.
4. 누군가 나를 해치면 대신 갚아주었다는 증거를 보게 된다.
5. 아무리 대단한 사람을 만나도 주눅 들지 않는다.
6. 욕심이 없고, 늘 마음의 평안함이 유지한다.

아이는 엄마가 자기를 지켜준다는 걸 본능적으로 느끼듯이 약한 사람은 예수님의 옷자락에서 전달되는 섬세한 기운을 느낀다. 차오르는 든든함이 세상의 어떤 힘보다 강하다는 걸 알기에 어디서든 당당하고 두려움이 없는 것이다. 특별한 에너지를 통해 남다른 힘을 소유하게 되어 저절로 주변에 좋은 영향을 끼친다.

인덕도 없고, 돈이 없어도 자신이 주변에 어떤 영향을 끼치는지를 살펴보면 주님과 어떤 관계에 놓여 있는지 알 수가 있다. 겉으로 보기에는 줄 것이 없어도 무언가는 나눌게 항상 있다.

흩어진 가족도 화합을 하기 위해서는 가족 가운데 누군가의 희생이 있어야 한다. 함께 모이도록 식사자리를 만들고, 서로 맺힌 게 있으면 서로 풀도록 세심한 중재 역할을 해야 한다. 돈도 필요하지만 시간, 마음을 내어 놓는 헌신이 있어야 매개 역할을 할 수 있다. 풍족한 물질이 없어도 할 수 있는 일이 많은 것이다.

희망이 꺼진 듯한 잿더미 속에 묻힌 불씨를 살리는 일이란 본래 어렵다. 불씨를 살리기 위해서는 입으로 불고, 부채질하느라고 재도 묻고, 머리가 띵할 정도로 에너지도 쏟아야 한다. 수고해서 발화가 되면 주변을 따스하게 하고 세상을 환하게 밝힌다.

본래 나무란 꽃이 피고 열매가 맺혀도 나무가 그 열매를 취하지 않는다. 지나가는 사람들이 따 먹고 꽃을 보며 즐거워한다. 인덕이 없다는 건 나무처럼 주변은 좋게 만들지만 자신에게 돌아오는 혜택이 없다. 그러나 인덕이 없는 예수님이 하늘에서 아버지 우편에 앉는 영광을 받으신 것처럼 인간도 보상 없는 헌신의 대가는 하나님이 치러 주신다.

## 불교

한 남자가 부처님에게 물었다.

"저는 왜 이렇게 인덕이 없을까요? 성실하고 열심히 살았는데 아내는 바람을 피우고, 만나는 사람들은 나에게 사기를 쳐서 재산을 몽땅 잃었어요."

"공덕을 지은 것이 적기 때문이다."

"그러면 돈이 없어서 공덕을 쌓을 게 없고 사람을 만나는 것도 두려운데 이대로 계속 살아야 합니까?"

"꼭 물질을 나누고 베풀어야만 공덕이 쌓아지는 건 아니다. 남이 잘되었을 때 진정으로 기뻐해주고, 온화한 미소, 친절한 말, 상대에게 무언가를 주고 헌신짝 버리듯 기대하지 않는 마음도 덕을 쌓는 일이다."

"베푼 대가를 바라는 건 누구나 같은 마음인데 그것도 잘못인 건가요?"

"기대감이 없으면 화, 분노, 서운함, 실망감도 없다. 좋은 마음, 좋은 말, 좋은 행동은 누군가에게 꽃을 선물하는 것이기에 공덕이다. 보이는 공덕은 물리적인 결과로 나타나는 것이고, 보이지 않는 공덕은 마음을 쌓는 일이기에 사람에게 배신을 당하고 상처 받는 일이 없는 것이다."

가난한 사람이 아무리 선하게 산다고 해서 금방 부자가 되는 것도 아니고, 마음을 잘 쓴다고 해서 바람나서 집 나간 아내가 돌아오는 것도 아니다. 바람기로 집 나간 아내가 돌아와 봤자 기억 상실에 걸리지 않는 한 부작용으로 더 괴로울 수도 있을 테니 허망한 일일 뿐이다.

현재 인덕이 없는 것 같아 삶이 한탄스럽다고 해도 계속 공덕을 쌓아야 한다는 뜻이다. 공덕을 쌓아야만 돌이키는 변화가 있기 때문에 다음 생에는 바람피우지 않는 현숙한 아내를 만날 수 있다.


## 무신론

자식이 여럿이어도 효도하는 자식은 따로 있다. 공부를 다른 형제보다 많이 가르쳐서도 아니고, 장남이어서도 아니고, 재산을 많이 물려 준 자식도 아니다. 평소 바른 걸 지향하고 가족애가 깊은 사람이 나서는 것이다. 평소 인정이 많지 않아도 바른 것을 지향하는 사람은 무엇이 우선순위인지를 알고 마음의 도리를 하는 것이다. 받은 건 아무 것도 없는데 매번 베풀고 나누어야 되는 처지란 인덕이 없다는 의미다.

인덕의 공식이 있다. 가족도 도움이 되는 사람이 없지만 인간관계도 마찬가지다.  어차피 내 것을 열 개 주어도 반도 돌아오지 않기 때문에 기대할 게 없다.

인덕도 없는데 가난하면 더욱 허망함, 회의감이 느껴 질 때가 있다. 돈이 효도한다는 말이 있는 것처럼 가난한 부모를 혼자서 감당하면 지치는 것이다. 캄캄한 세상에 혼자 등불을 들고 있어봤자 얼마나 환해질 수 있을까 싶어 깊은 회의감에 빠지는 것이다.

하지만 가로등 없는 시골 밤길을 걸어 본 사람은 알 것이다. 작은 핸드폰 불빛이 얼마나 큰 도움이 되는지를 느낀다. 돌부리, 물웅덩이, 밭둑과 논둑의 경계를 알 수 있어 위험을 비껴가게 한다. 넓게 밝히지는 못해도 작은 불빛도 힘이 되는 것이다.

작은 불빛의 의미와 가치는 밤길을 걸어 본 사람만이 안다. 어디 한군데 의지할 곳 없는 인간 사막에 놓여 있는 것 같은 막막하고 캄캄한 심정을 경험한 사람은 소신껏 작은 불빛이어도 켜 놓으려고 애쓴다. 자신을 지킬 수 있을뿐더러 주변도 도움을 줄 수 있다는 걸 알기 때문이다.

# 07 / 부담스러운 효도

## 기독교

효도는 폭포와 같다. 위에서 떨어지는 물을 아래서는 넘치도록 받지만 그 물이 다시 위로 올라가는 건 어렵기 때문이다. 치사랑은 양수기로 물을 끌어 올리든지 양동이로 퍼 나르든지 인위적인 노력이 따라야하는 것처럼 본래 힘들다.

부모는 자식을 사랑하라고 가르치고 시키지 않아도 자연스럽게 우러난다. 내리사랑은 본능적이어서 타인을 무참하게 짓밟고 고통을 주는 악인도 제 자식에게는 애틋한 사랑을 하는 것이다.

그러나 자식이 부모에게 효도한다는 게 힘들다는 것은 하나님도 인정했다. 그래서 기독교에서는 부모가 어떤 존재인지를 교리적으로 가르치고, 왜 섬겨드려야 하는지도 설명한다.

하나님은 자식이라는 생명을 이 세상에 탄생시키기 위해 부모의 태를 빌려야 했다. 부모가 통로가 되어 주지 않으면 그 자식은 태어 날 수 없다는 뜻이다. 부모는 하나님의 섭리에 따라 자식이라는 생명을 품었을 뿐이기에 자기의 소유라고 여기지 않는다.

**내가 너를 모태에 짓기 전에 너를 알았고**

**네가 배에서 나오기 전에 너를 성별하였고**

**너를 여러 나라의 선지자로 세웠노라 하시기로**

**(렘1:5)**

부모는 내 부모이기 이전에 먼저 하나님이 사랑하는 자라는 걸 잊지 말아야 한다. 자식은 하나님이 직접 태를 내어 주고, 먹이고, 젖은 지저귀를 갈아주며 양육 할 수 없어 부모에게 맡긴 것이다. 그렇기 때문에 하나님의 뜻을 준행하는 부모를 자식이 홀대하는 행위는 하나님에 대한 도전이며 기만이다.

정성을 다하는 마음과 몸의 노동으로 자신을 키우는 은혜를 체감하며 눈에 빤히 보이는 부모도 사랑하지 않으면서 보이지 않고, 들리지 않고, 만질 수 없는 하나님을 사랑한다고 말하면 가식이라는 건 유치원생도 안다. 진정성이 없는 사랑의 외침은 바위에 떨어진 물방울과 같다. 햇빛이 닿으면 흔적 없이 사라지는 물방울처럼 허공의 메아리다.

부모에게 효도한다는 건 개인적으로 은혜를 갚는 일이기도 하지만 하나님의 뜻과 심정을 헤아리는 지혜다. 하나님을 중요한 대상으로 여긴다면 그분이 사랑하는 부모도 섬겨드리는 게 마땅하다.

## 불교

모든 인연을 겁으로 표현한다. 겁(劫)은 원래 인도 산스크리스트어의 겁파(kalpa)이다. 1겁이란 길이가 40리에 달하는 돌산을 백 년 동안 천으로 닦아 없어지기까지의 시간이다. 부모자식간은 부부로 맺어진 7천겁보다 더 긴 8천겁을 거쳐서 만난 인연이다. 아마득하고 몽완적인 시간을 거쳐 만났기에 끊을 수 없는 천륜이라고 한다.

특별하게 만난 이유는 지은 업이 비슷해서 동업중생(同業衆生)인 것이다. 끼리끼리 어울리게 마련이라는 뜻으로 좋은 것이든 나쁜 것이든 서로가 풀어야할 인과의 업이 있다는 의미다. 그렇기 때문에 이 세상에서 어떤 부모를 만났든 자식에게는 인간의 몸을 받게 해준 복전이다. 좋은 부모를 만났다면 서로 은혜를 주고받으며 보답을 하는 것이고, 가난하고 불행한 환경이 주어졌다면 금생에서 맺힌 고리를 끊고 서로 자유로울 수 있는 기회를 만난 것이다. 영혼의 상태에서는 자신을 변화시키는 것이 불가능하기 때문이다.

불교의 만(卍)자는 불교를 상징하는 깃발, 마크이기도하지만 쉬지 않고 끝도 없이 돌아간다는 뜻이다. 인간은 태어나면서 뇌가 새롭게 만들어져서 그 동안의 영혼의 세계를 기억하지 못할 뿐 연속성인 존재다. 돌고 도는 가운데 서로가 맺어진 고리에 의해 인연이 된다.

## 무신론

누구나 부모 없이 태어난 사람은 없다. 동서고금을 막론하고 이 땅의 모든 부모는 집에 불이 나서 자식이 안에 갇혀 있다면 무조건 뛰어 드는 존재다. 아무리 속을 썩인 자식이어도 부모는 자식을 구할까 말까를 생각하지 않는다.

부모에게 자식이란 낮의 해이며 밤의 달이다. 자식을 위해서 태양처럼 열정적이고, 활기, 의욕을 내는 것이고, 어두운 밤처럼 막막한 일이 생겨도 용기를 내서 극복한다. 자식은 앞으로 나아가도록 비춰주는 달이다.

그렇게 소중하게 여기는 자식이 부모를 홀대하면 그 심정은 낮이어도 캄캄한 동굴 속에 머문다. 빛을 잃었고, 소망은 사라졌다.

지구에서 유일하게 자식에 대해 감격스런 사랑을 품고 있는 사람은 부모 외에는 없다. 부모는 대체가 불가능한 소중한 존재다.

# 08 / 세상 친구와 신앙 친구

**기독교**

　세상 친구와 신앙 친구는 우정의 빛깔도 다르고 의리의 깊이도 차이가 있다.

　세상 친구는 생각, 정서, 환경적 조건, 사회적 위치가 비슷하면 쉽게 가까워 질 수 있다. 서로가 관통하는 공통점이 있기 때문에 친밀감이 생긴다.

　신앙 친구는 개인의 정서나 겉으로 보이는 물리적 조건은 상관없이 가까워 질 수 있다. 가난한 사람과 부자, 기업가와 청소부여도 친구가 될 수 있다. 하나님이 매개가 되어 만나는 관계이기 때문이다. 서로 영원의 나라를 사모하고, 진리를 추구하며, 천국까지 동행하는 영원성을 지닌 동무다. 그렇기 때문에 죽을 때 가져 갈 수 없는 세속적인 조건으로 차별화시키지 않는다.

하지만 신앙친구는 세상 친구와는 다른 반전이 있다.

친구 따라 강남 간다는 말이 있다. 친구가 원하면 때와 장소를 가리지 않고 무작정 따라 나선다는 말이지만 신앙 친구는 무턱대고 따라가지 못한다. 친구가 바른 쪽을 향해 갈 때는 먼 길이라도 동행해 줄 수 있지만 나쁜 쪽을 향해 갈 때는 함께 할 수 없다. 누군가를 해치는 일에 동참해 주지 못하고, 남을 피해 주면서 제 이익을 챙기는 일에 맞장구 치고, 호응하며, 협력해 줄 수 없다는 뜻이다.

서로를 위해 따라 가 줄 수 없는 것이다. 잘못된 길인 줄 알면서 따라 가는 사람도 하나님 앞에 죄를 짓는 것이지만 친구를 잘못된 곳으로 끌고 가는 사람은 죄가 더욱 가중되기 때문이다. 자기도 천국을 못가지만 친구도 못 가게 하는 짓이다.

친구가 그릇 된 방향으로 가면 애정으로 권면하고 가지 못하도록 막아야 하는 것이지 함께 가는 것은 둘다 지옥으로의 동행이다.

인간은 일거수일투족을 지켜보는 눈동자에 의해 평가를 받는 존재다.


왕자인 요나단과 양치는 목동인 다윗은 신분차이를 뛰어 넘어 친구가 되었다. 요나단은 다윗보다 나이가 서른 살이나 많았고 차세대 왕의 권력을 차지할 사람이었다. 다윗은 동네에서 양을 치는 목동이었다. 그 당시 목동은 천한 직업이었다.

어느 날 요나단은 적국의 골리앗을 뭇매돌로 쓰러뜨리는 소년 다윗에게 감동해서 친구가 되었다. 그러나 세월이 흐르면서 요나단 아버지 사울 왕은 다윗을 보며 불안 해 했다. 다윗이 언젠가는 왕 자리를 노리는 패권자라고 여겨졌기 때문이다.

사울 왕은 다윗이 반역을 할 거라는 불안감에 죽이기로 했다. 아버지의 계략을 안 요나단은 다윗에게 위험하니까 피하라고 일러 주었다. 다윗은 요나단 때문에 목숨을 건질 수 있었다. 요나단은 다윗이 차기 왕인 자신의 자리를 위협하는 존재라는 것을 알면서도 위기를 모면하도록 도와주었다. 그 이유는 믿음의 눈이 있었기 때문에 사태를 파악했다. 이미 하나님이 다윗에게 왕권의 기름부음을 알고 하나님께 순종한 것이다. 아버지인 사울왕이 우상숭배, 불순종, 교만으로 왕권이 상실 되었다는 사실을 영적인 안목으로 이미 알았던 것이다.

요나단과 다윗은 세속적인 조건이 배제된 신앙의 친구였다. 개인의 감정보다 영원을 사모하는 믿음을 중심으로 맺어진 우정이었기에 요나단은 차기 왕 자리를 다윗에게 넘길 수 있었다. 그러나 초월적인 친구는 얻었지만 아버지에게는 불효를 저지른 것 같아 괴로워했다.

하지만 신앙 안에서는 아버지라고 해도 나쁜 일에는 협력을 해 줄 수가 없는 것이다. 요나단은 아버지의 영혼을 구원하고 싶었다. 하나님의 뜻을 거스르고 그릇된 방향으로 나아가는 아버지를 더 이상 죄를 짓지 못하도록 막으려고 했던 것이다.

결국 용맹한 무사이기도 한 요나단은 적을 무찌르기 위해 적진으로 가는 아버지를 돕기 위해 함께 전장으로 나갔다. 그곳에서 싸우다가 전사했다.

## 불교

**중생의 삶에서는 선한 벗이 없으면 차라리 홀로 가라.**
**나쁜 벗은 나쁜 견해를 갖게 하고, 나쁜 행위에도**
**부끄러워하지 않게 되어 선한 일이 점점 줄어들게 한다.**
**- 증일아함경 -**

선한 벗을 통해서는 좋은 의견이 늘어나고 선한 행위를 본받아 죽은 뒤에 천상에 태어나 왕생한다.

중생들은 가까이 있는 친구를 통해 영향을 받는다. 나쁜 벗이란 부정적인 견해를 갖고 비윤리적인 행동을 서슴지 않기 때문에 망가질 수 있다.

하지만 수행자는 누구든지 차별 없이 놓아버리고 포용한다. 구분하고 가리면 나를 필요로 하는 사람에게 기회를 잃게 하기 때문이다.

원효스님은 화랑이었지만 출가했다. 참된 부처님의 말씀을 깨달으려고 길을 나섰다. 가는 도중에 일체의 모든 것은 자기 마음 안에 있다는 '일체유심조'를 깨닫고 되돌아 왔다.

그러나 요석공주와의 스캔들로 불교계에서 추방되었다. 원효스님은 파계 후 세상 속으로 들어가 천민들, 깡패, 도독과 어울렸다. 일찌감치 일체유심조를 통해 옳으니, 그르니, 귀하니, 천하니, 구분은 마음이 만드는 일이라는 걸 깨달았기 때문이다.

원효스님은 사람이란 깨달음의 숲이라고 했다. 함께 숲을 이루고 있는 도반들이어서 특별한 친구에게 의미를 두지 않는다는 뜻이다. 하지만 자신을 지킬 만큼 수행이 안 되어 있으면 숲속에 있는 괴물에게 당할 수도 있기에 선한 벗이 없으면 차라리 혼자 가라고 했다.


## 무신론

친구와 지인은 다르다. 지인은 마음이 통하지 않아도 함께 밥 먹고, 차 마시고, 재잘거리며 관계를 이어 갈 수 있다. 세상은 혼자 살 수가 없기에 적당히 처세하는 사회적 접근이다.

친구는 마음의 소통이 이루어져야 끈끈한 우정의 심지가 생긴다. 생각, 정서, 감성의 소통도 중요하지만 환경적으로 비슷해야 한다. 다르면 공감대가 이루어지지 않아 마음의 거리가 가까워지기 어렵다.

끼리끼리는 과학이다. 사람도 끼리끼리가 편안하고, 동물과 새도 자기하고 같은 종류끼리 지낸다. 갈매기는 갈매기끼리, 물개는 물개끼리, 고양이도 마찬가지다.

그래서 재벌과 가난한 자, 회장과 말단 사원은 친구가 되기 어렵다. 위치에 따라 생각이 다르고 사물에 대한 가치관도 차이가 있어 서로를 관통하는 공통점이 없기 때문이다.

친구란 만나서 밥만 먹고 헤어져도 돌아 올 때 마음의 풍족함이 느껴진다. 하지만 지인은 배는 부르지만 허전함이 든다. 그렇기 때문에 백 명의 지인을 자랑 할 게 아니라 한명의 친구가 소중하다.

지인에서 친구가 되는 건 세월이 흐른다고 저절로 되는 게 아니다. 진정한 벗이 되려면 서로의 노력이 필요하다. 자신은 가만히 있는데 상대가 와서 마음의 간이 맞도록 맞춰 주지 않기 때문이다. 짜면 물을 더 붓고,

싱거우면 부뚜막에 소금을 집어넣는 수고를 해야 하듯 평소 상대가 무엇을 좋아하는지 싫어하는지 살펴야 한다. 싫어하는 짓은 조심하고, 좋아하는 것은 맞춰주고, 양보하고 배려해 주어야 한다.

상대에 대해 노력하지 않고 자기중심적인 관계는 세월이 흘러도 지인의 거리에서 더 이상 좁혀지지 않는다. 언제든지 떠나가도 빈자리가 크게 느껴지지 않는 관계인 것이다.

# 09 / 용서의 나무

## 기독교

참된 믿음으로 사랑을 실천하는 사람 가운데 비현실적인 휴머니스트가 있었다. 인간의 상식, 심정, 통념을 뛰어 넘는 초월적 사랑이어서 실감 할 수가 없다. 그러나 인간적으로는 쉽게 수긍되지 않지만 하나님 나라의 일지에 금빛으로 반짝이며 기록되어 있을 것 같은 위대한 사랑은 믿음의 관점으로는 가능하다.

1946년에 여수 순천에서 좌익 학생들에 의해 두 자식을 잃은 아버지가 있다. 그 아버지는 두 아들을 살해한 사람을 양자로 삼았다.

도대체 무슨 마음일까? 원수를 품에 안고 미래를 걱정해주며 보살펴

주는 일이 무슨 의미와 가치가 있는 일인가? 원수에게 변하지 않는 온정이 인간에게 가능한 일일까? 일반인은 도저히 흉내도 낼 수 없는 비현실적인 사랑의 인물은 철저히 복음 사상을 중심에 두고 사신 손양원 목사님이다.

하지만 그 일은 인간인 목사님이 결정한 일이 아니라 하나님의 뜻을 따른 일이다.

하나님은 이 세상을 위해 꽃도 피우고 열매도 기대할 수 있는 생명의 나무를 부모라는 마당에 심었다. 그 나무는 마당에 뿌리를 내리고 땅의 양분을 흡수하며 무럭무럭 자랐다. 그러던 어느 날 누군가 몰래 마당으로 들어와 나무를 베어 버렸다. 졸지에 나무를 잃은 마당은 깊은 슬픔에 빠졌다.

마당은 세월이 흘러도 나무를 잊지 못했다. 살 속에 박혀 있던 나무와의 스킨십이 그리울 때마다 가해자에 대한 분노가 치밀었다. 마당은 직접 응징이라도 해야 속이 풀릴 것 같았다. 그러나 부모의 마당에 나무를 심은 주인인 하나님이 말했다.

**내 사랑하는 자여 네 가슴을 찢어 놓고 슬픈 눈물을**
**흘리게 하는 자에게 친히 원수를 갚지 말고 나에게 맡겨라**
**(롬12:9)**

죄에 대한 벌은 주인의 주권이지 마당에게 권한을 주지 않았다는 뜻이다.

부모역시도 하나님에게는 소중한 생명이다. 그 손에 직접 피를 묻히면 부모역시 죄를 짓는 결과가 나타나기 때문이다.

자식은 부모 곁을 먼저 떠났지만 그 생명은 하나님에게 돌아가 따뜻한 품에 안겨 있을 것이다. 그 자식은 장소를 이동했을 뿐 잘 살고 있다. 그렇기 때문에 하나님 쪽에서는 부모의 복수는 의미가 없다. 죄만 생산되는 것이다.

다만 하나님이 이 땅에 자식이라는 생명을 내 보낼 때는 뜻이 있어서다. 하나님의 뜻을 망치고 훼손시킨 가해자는 하나님의 주권에 도전한 것이기에 가만히 두지는 않겠다고 하시는 것이다.

하나님이 목사님에게 살인자를 입양하라고 한 것은 보호하고 성장시켜 좋은 재목으로 사용하려는 게 아니다. 목사님에게 새로운 소명을 일깨웠다. 하나님의 뜻을 품고 세상에 온 자식은 떠났지만 그 곳에 새로운 나무를 다시 심어 부모라는 마당에게 맡기셨다. 얼핏 잔인한 것 같지만 입양이라는 나무를 통해 더욱 위대한 계획을 세우셨기 때문이다.

손양원 목사님에게 용서라는 아름다운 꽃을 피우게 하신 것이다. 대상을 향한 분노, 노여움, 화, 독의 해독법은 용서밖에는 없기 때문이다. 용서만이 응어리가 풀리게 하고, 슬픔이 줄어들고, 자유로움을 준다. 내면의 독을 품고 있는 자신을 위해서도 용서란 반드시 필요하다.

손양원 목사님의 용서의 나무에서 피어난 꽃은 추상적인 존재의 재현이 아니다. 세월이 흘러도 낙화되지 않고 고고히 피어있기 때문이다. 여전히 눈으로 볼 수 있고, 만져 질 수 있으며, 향기를 풍기는 생동적인 생물처럼 목사님의 용서의 상징화는 언제나 사람들에게 아름다운 감동의 울림을 준다.

# 불교

제바닷타는 부처님의 친척이다. 그는 부처님의 교단에서 수행하는 도반이다. 그런데 천성적으로 야심이 큰 사람이었다. 남의 명령에 따르는 것을 싫어해서 이인자로는 성에 차지 않아 부처님의 자리를 넘봤다.

제바닷타는 자신의 욕망을 위해 수완과 재주를 이용했다. 그 나라의 왕자 아자타삿투에게 능력을 바치며 그 힘을 빌리려고 했다. 아자타삿투 역시 야심가여서 아버지인 왕을 옥에 가두고 왕권을 찬탈한 인물이다. 본래 친구는 끼리끼리여서 같은 성향, 비슷한 생각을 하기 때문에 의기투합이 쉽다.

어느 날 왕자의 비호를 받던 제바닷타는 부처님에게 말했다.

"부처님 재단을 제게 넘겨주십시오."

"안 된다."

부처님이 거절하자 제바닷타는 부처님을 죽이기로 했다. 그러나 세 번을 결행했지만 실패 했다. 부처님도 제바닷타의 공격으로 생명의 위협을 느껴 결단을 했다.

"제바닷타야! 너를 옹호하는 사람들과 이 교단을 떠나거라."

제바닷타는 자기를 따르는 무리들과 떠났다. 결국 교단은 분열 됐다. 그러나 부처님은 반역도 수용하는 포용력으로 그들이 당분간 살아갈 수 있는 식량보조를 해 주었다. 비록 제바닷타가 번뇌, 망상으로 나쁜 짓을 저질렀지만 어디를 가든 성불해서 중생을 제도하는 사람이 되기를 바랐다.

부처님은 인간은 누구나 부처의 본성이 있다고 하셨다. 비록 나쁜 짓을 저질렀어도 그 건 겉일 뿐이다. 더러운 옷을 벗으면 귀한 부처님이기에 누가 누구를 용서할 수 있다는 말이겠냐는 뜻으로 관용을 베풀었다.

중생들은 깨달음이 적어 미움, 원수를 짓기에 염불을 한다.

나무아미타불 관세음보살. 나무아미타불 관세음보살.

부처님께 귀의해서 원하는 바를 이루고 극락왕생을 구하는 것이다.


## 무신론

인생이란 물 위를 걷는 게 아니라 눈 위를 걸어가는 형국이다. 비가 적셔 놓은 길, 마른 땅은 지나가는 발자국의 흔적은 남아있지 않다. 하지만 눈 위에는 뚜렷하게 찍힌다.

어린 자식은 눈 위에 찍힌 부모의 발자국을 따라간다. 독립적인 행보를 할 때까지 부모의 커다란 발자국 안에 작은 발을 내딛으며 따라가는 것이다. 뒤따라가며 부모의 사랑도 받지만 부정적인 모든 행위도 보게 된다.

자식은 부모의 유전자를 물려받기도 하지만 생활의 습관도 그대로 모방 한다. 본대로 들은 대로 느끼는 대로 자식의 뇌의 cctv에는 부모의 삶이 저절로 찍힐 수밖에 없기 때문에 무의식적으로 닮는다. 자식은 부모의 등 뒤에 바짝 붙어 따라가는 눈동자다. 그렇기 때문에 자식은 자신도 의식하지 못하는 사이에 부모에게 배우고 익힌 모든 일들을 발현시킨다.

눈길은 녹아 내려도 단정하게 지나가지 않으면 진창길이 된다. 부정할 수 없는 사실은 부모가 진창길을 만들어 놓으면 그 길은 자식이 걷는다. 자식의 신발에 진창이 묻어 삶의 걸음이 무겁다.

# 2부

# 깨달음으로 오는 자유

# 01 / 기도는
# 요술램프인가

## 기독교

목사님들은 설교할 때 원하는 것은 기도하면 다 이루어진다고 말한다. 때로는 무응답도 응답이라는 두루뭉술한 여지도 있지만 교인들은 목사님의 말을 믿고 소박한 일에서부터 큰 소망까지 간절히 구하며 응답을 기다린다.

성경에도 모든 게 가능하다고 했기 때문에 부정할 수는 없다. 믿음이란 범접할 수 없는 그 무엇인가 분명히 존재하기 때문이다.

하지만 물리적인 변화는 아무리 절박하게 구해도 하나님은 응답을 해 주시지 않는다. 이미 모든 사람들의 인생의 큰 그림은 하나님이 그려 놓으시고 각자 이루고 건설하도록 인도하신다. 태어날 때부터 쓰임의 용도를 구상해서 지으셨다는 뜻이다.

기도로 내가 원하는 대로 삶의 조건을 움직일 수 있다면 불철주야(不撤晝夜) 기도하는 교인들은 어려움을 겪지 않아야 한다. 남들이 다 자는 시간에 일어나 부지런히 새벽기도 다녀오고, 철야기도 등 일상이 기도생활이다. 그럼에도 잘못만난 인연으로 고통 받고, 가난, 질병, 이혼, 자식의 불투명한 미래, 노후 걱정이 끊이지 않는다.

그런데 기도를 일체하지 않는 무신론자들의 승승장구는 어떻게 설명할 것인가? 겸손하게 무릎 꿇고 울부짖으며 부탁하지도 않았는데 세속적인 부요함을 누리는 이들이 많다.

불신자와 악인의 형통을 부러워 한다는 게 아니다. 현실을 똑바로 보려고 하지 않고 무시하면서 믿음을 형이상학적으로 접근하면 자신의 정체성을 찾기 힘들고, 소명의식도 인식하지 못해 허송세월을 보낼 수 있다.

기도란 부르면 튀어나와 소원을 들어주는 중동민화에 나오는 지니의 요술램프가 아니다. 하나님은 애초부터 쓰임에 따라 크기와 모양을 다르게 빚었다.

밥상위에 상차림을 할 때 밥그릇, 국그릇, 접시, 간장종지가 있어야 하듯 필요에 따라 모양을 다르게 빚은 것이다. 그런데 간장종지가 먹음직스러운 쌀밥이 수북하게 담기는 밥그릇이 부러워 기도한다고 해서 깨버리고 다시 밥그릇으로 빚어 주지 않는다. 간장 종지가 작고 초라한

데다 특이한 향까지 풍기는 검정색 내용물을 담아야 하는 게 싫다고 해도 어쩔 수 없다.

간장종지가 싫다고 하면 누가 간장 종지의 소임을 맡을 것인가? 개인적인 불만보다 전체를 위해 자신의 모습을 받아들이는 수밖에 없다.

**이 사람아 네가 누구이기에 감히 하나님께 반문하느냐.**
**지음을 받은 물건이 지은 자에게 어찌 나를 이같이**
**만들었느냐고 말하느냐.**
(로마서 9:20)

간장종지는 찬장 구석에 있다가 어쩌다 한 번씩 쓰이는 도구다. 드러나지도 못하고 처박혀 사는 신세다. 누구나 인정받고 싶지 구석에 처박힌 초라한 인생이 되고 싶지는 않다. 그러나 하나님은 인간과 다른 심중으로 우리를 바라보신다.

간장종지는 그 어떤 그릇보다 중요해서 아무에게나 맡기지 않는다는 점이다. 밥그릇이 없으면 접시를 사용하면 되고, 국그릇이 없으면 밥그릇을 대용하면 된다. 그러나 간장은 간장종지에만 담아야 한다. 작은 량인 간장을 접시에 부으면 숟가락으로 떠서 국에 넣을 수 없고, 밥그릇에 담으면 깊어서 부침개를 찍어 먹기 불편하다. 또한 밥그릇은 한 사람을 위해 밥을 담지만 간장은 식탁 중앙에 놓여 여러 사람에게 활용된다. 비록 작지만 많은 사람들에게 덕을 끼치는 중요한 역할을 맡고 있는 것이다. 신앙의 관점은 겉으로 보이는 게 다가 아닌 것이다.

다만 하나님이 각 그릇은 지었지만 인간이 해야 될 일이 있다. 그릇에 담기는 내용물의 맛은 각자의 몫이다. 간장종지로 태어났으면 제 맛을 내는 간장을 만들어 활용도를 높여야 한다. 성의 없이 만드는 간장은 맛없고, 쓰고, 맹물 같다. 그런 간장은 사용되지도 못하고 버려진다.

예로부터 간장 담그는 일은 가정의 중요한 연중행사였다. 몇 달을 숙성시킨 메주를 소금물에 담갔다가 우러난 액즙을 오랜 시간 달여야 비로소 간장이 된다. 정성, 시간이 있어야하듯 노력 없이는 참맛을 낼 수 없다.

하나님이 자신을 간장종지로 만들었다는 걸 깨닫는 게 정체성이고, 내용물을 만들 수 있는 비법을 준 것이 재능이며, 널리 사용되는 게 사명이다.

인간은 한 소망 안에 각기 다른 모양으로 부르심을 받은 존재들이다. 무작정 크고, 멋지고, 좋은 것을 바라는 소망을 갖기보다 주님이 자신을 향한 뜻이 무엇인지 깨닫는 게 가장 지혜롭고 값진 일이다.

기도란 무엇을 얻기 위해서 하는 게 아니라 나를 창조하신 하나님께 드리는 가장 경건한 마음이며 정서를 순환하게 하는 힘이다. 소중하고 가치 있는 것을 발견해서 더욱 빛나도록 힘쓰는 에너지를 높이는 일이 기도인 것이다.


## 불교

부처님은 영겁의 세월을 거치면서 공덕을 쌓아 이 땅에 태어났다. 그리고 이 세상에 살면서 영원한 생명의 실상이라는 '불'(佛)과 만물이 돌아가는 이치인 '교'(敎)라는 근원의 진리를 깨달았다.

그 진리를 사람들에게 가르쳐주고 돌아 가셨다. 그 가르침은 시간과 공간을 초월해 이 땅에 머물며 부처님을 공경하는 사람들에게 도움을 주는 것이다. 구하는 내용에 알맞게 가르침의 에너지가 작용하는 것이다.

중생을 이롭게 하는 어떤 힘이 가피다. 가피에는 몽중가피(夢中痂皮) 현전가피(現前痂皮) 명훈가피(冥熏痂皮)가 있다. 몽중 가피는 꿈속에서 정신의 위력을 힘입는 것이고, 현전 가피는 눈앞에 나타나 구제해 주는 것이고, 명훈 가피는 생각만 해도 이루어지는 것이다.

하지만 이 모든 것은 각 사람에게 불성을 일깨운다는 뜻이지 외부에서 나타나 돕는 다는 뜻은 아니다. 간절히 부르면 내면에서 일어나는 불성과 부처님의 가르침의 기운이 합치되어 공명이 일어나서 힘이 생기는 것이다. 이겨나가는 힘, 해결하는 지혜다.

백팔배를 하다보면 백여덟 가지 괴로움에서 벗어나고 삼천배를 하면 저절로 하심이 일어나 괴로움이 소멸되고, 자기를 비우며 삶이 가벼워지는 것이다. 욕심을 버리면 물질의 염려가 해결되는 것이고, 인간관계는 포용력이 생겨 미움, 질투에서 벗어나 평화롭다.

불교의 진리는 안과 밖이 따로 없이 하나로 통한다. 그런데 자기 아상에 갇히면 천기의 순리를 몰라 일을 그르쳐 고통과 번뇌가 생긴다.


**대인은 세상일에 빠지지 않아 자손, 재물, 토지를 바라지 않고 항상 계(戒)와 지혜와 도를 지키어 그릇된 부귀를 탐하지 않는다. 지혜 있는 사람은 욕심을 버려 한 가지 물건도 가지지 않고 스스로를 깨끗이 하여 모든 번뇌를 지혜로 돌이킨다. - 법구경 -**

조건을 갖춰야만 만족한다면 이미 번뇌라는 걸 깨달아야 한다.

## 무신론

말에도 눈이 있고 귀가 있다. 자신이 말한 대로 말의 눈은 그곳으로 찾아가고, 들은 대로 모양은 빚어진다. 그렇기 때문에 염원하는 것이 있을 때는 먼저 세상이라는 쟁반에 귀한 음식을 담아내 듯 좋은 말과 좋은 행동이 따라야 한다. 아무렇게나 차리는 밥상과 정성을 드리는 음식상은 당연히 다르다.

내 곁으로 다가오는 사람에게 귀한 음식을 대접하면 받은 사람의 마음은 대접받는 기분이어서 감동하고 고마움을 느낄 것이다. 그러나 자기가 먹다가 남아서 냉장고에 처박아 두었다가 내 놓은 음식을 주면 기분이 나쁘고 마음이 닫히게 한다.

운명재수를 판단하는 사주, 관상보다 더 중요한 것이 심상이라는 말도 있다. 좋은 마음에서 나오는 말과 행동은 감동시키는 에너지가 있다. 많을수록 좋은 아우라가 내 주변에 머문다. 사람을 기분 나쁘게 하면 무엇이든 얼게 만드는 시린 겨울 같아서 마음으로 염원하는 연두 빛 싹의 소망은 이루어지지 못한다.

# 02 / 십일조와 헌금

**기독교**

교회에서 헌금에 대해 언급할 때 가난한 과부의 두렙돈을 인용한다.

**내가 진실로 이르노니 과부는 모든 사람보다 많이 넣었도다.**
**가난한 중에도 자기의 모든 생활비 전부를 드렸느니라**
(막12:43-44)

예수님이 과부가 내는 헌금을 보고 말한 내용이다. 교회에서는 이 구
절을 인용하면서 생활비 전부를 드리는 과부의 신심을 예수님이 칭찬했

다는 걸 강조하며 헌금을 종용한다. 그런데 과연 예수님이 과부를 칭찬한 것일까?

그 당시 두렙돈은 노동자 하루 품삯이었다. 많은 금액은 아니지만 과부에게는 전재산일만큼 큰돈이었다. 더구나 여자가 할 수 있는 일이 없어 과부는 가난할 수밖에 없었다. 그런 상황에서 과부는 소유한 금액 전부를 헌금한 것이다.

교회에서 과부의 헌금 비유를 강조하는 건 참된 신심이라고 받아들이기 어렵다. 과부가 헌금을 하고 돌아서면 끼니 걱정할게 뻔한데 예수님이 대책 없는 행동을 칭찬하며 부추겼다는 뜻이 되기 때문이다. 형제가 굶을 지경에 놓이면 염려를 해야 하는 것이지 박수를 친다면 그 것은 분명 '사랑'이 아니다.

예수님은 과부를 칭찬한 게 아니라 서기관들을 질책 한 것이다. 사회적 약자가 권력에 어쩔 수 없이 약탈당하는 걸 당연하게 보지 않았기 때문이다.

그 당시 유다왕인 헤롯이 성전건축을 했다. 로마의 앞잡이로 인식되던 헤롯은 유대인들의 환심을 사기위해 스룹바벨이(BC538~470)지은 오래된 성전을 막대한 비용을 들여 확장한 것이다. 결국 비용을 유대백성들에게 세금, 성전세로 징수했다. 서기관들은 신자들에게 헌금을 종용하고, 규정상 한렙돈은 금지했다. 과부는 가지고 있던 재산 두렙돈을 헌금할 수밖에 없었다.

예수님은 과부의 헌금에 대해 언급하시고 이어서 하신 말씀이 있다. 금칠한 기둥에 웅장하고 화려하게 지어진 성전을 향해 예고하셨다. '거룩한 성전의 기능을 상실한 저 건물은 무너지리라'

예고대로 예수님이 돌아가시고 40년 후인 서기70년에 성전은 로마군에 의해 파괴 되었다. 그 후 더 이상 성전은 재건되지 않았다.

그때 다 부서지고 한쪽 벽만 남은 흔적이 오늘날 예루살렘의 통곡의 벽이다.

하지만 예수님이 과부를 비유하지 않더라도 공동체에서는 각자가 감당해야 할 몫이 기본적으로 있다. 성도들에게 이바지 하느라고 직업이 없는 제사장들의 생활비와 성전의 모든 유지비는 성도들이 감당해야 한다. 자기 몫을 하지 않으면 누군가가 대신 감당해야 한다. 너도 나도 미루다 보면 질서가 헝클어 질 수 있기 때문에 참여의 정신이 필요하다. 예수님도 헌금을(막17:24-27)하신 것처럼 공동체를 위해 성의는 보여야 한다.

교회유지가 힘들면 영국 교회처럼 매매가 되어 술집으로 바뀌고, 이슬람교가 차지해서 진정한 하나님의 나라가 좁아질지도 모른다. 하나님의 나라가 확장되기 위해 우리나라는 중형교회 이상은 농촌교회와 열악한 미자립 교회가 유지되도록 연결되어 돕고 있다. 작은 금액이어도 십시일반의 자세는 전체를 향한 의미를 담고 있다.

그러나 액수는 상관없지만 기쁘게 드려야 한다는 점이다. 마음에 부담을 느끼며 억지로 한다면 신앙생활자체가 은혜롭지 않고 하나님도 흐뭇해하시지 않는다. 누군가 내게 무언가를 주면서 억지로 한다는 걸 안다면 하나도 고맙지 않다. 하나님도 마찬가지다.

너무 가난하면 슈퍼에 가서 두부한모 사는 것도 쉽지 않을 때가 있다. 그런 형편일 때는 헌금을 안 해도 하나님은 사정을 알기 때문에 사랑에는 변함이 없다. 그러나 멋진 주택, 고급 자동차, 명품 옷, 영양가 높은 식단을 누리면서 헌금에 인색한 건 나무라신다. 가난한 사람은 평소 어떻게 생활하는지 형제, 친구도 일일이 모르지만 하나님은 아시기 때문이다.


## 십일조

성경에서 최초로 십일조를 한 사람은 아브라함이다. 십일조를 하게 된 동기가 있다.

조카 롯이 소돔이라는 나라에서 유지로 살았다. 그런데 소돔은 옆에 '시날'이라는 나라와 싸움을 했다. 소돔이 패하면서 시날은 조카 롯을 사로잡고 많은 재산을 노략했다. 그 소식을 들은 아브라함은 집에서 기르는 훈련된 자 삼백 명을 끌고 가 조카, 친척, 많은 사람들을 구출하고 재물도 되찾아왔다.

그때 제사장 멜기세덱이 하나님의 이름으로 아브라함을 축복했다. 감사한 답례로  아브라함은 되찾아 온 재물의 십분의 일을 멜기세덱에게 내 놓았다.

하나님이 먼저 소산의 십분의 일을 요구한 게 아니라 아브라함 스스로가 은혜를 받아 자발적으로 십일조를 드렸다.

아브라함에 이어 두 번째 십일조를 한 사람은 아브라함의 손자 야곱이다. 야곱은 할아버지 아브라함과 아버지 이삭을 통해 십일조의 개념은 알고 있었지만 지키지는 않았었다.

어느 날 야곱은 위기에 처해졌다. 하나님께 비상기도를 하며 응답이 이루어지면 십일조를 하겠다고 서원했다. 응답은 이루어졌고 야곱은 약속을 지켰다.

성경의 십일조의 시작은 믿음의 조상인 아브라함에서부터 시작됐지만 오늘날 말라기의 성구로 인용된다.

> 사람이 어찌하여 하나님의 것을 도둑질 하겠느냐
> 십일조와 봉헌물이니라
> 온전한 십일조를 창고에 들여 나의 집에
> 양식이 있게 하고 그 것으로 나를 시험하여
> 너희에게 복이 쌓을 곳이 없도록 붓지 아니하나 보라
> (말라기3:8,10)

이 말씀은 하나님이 주신 재물에 대한 감사와 사용의 활용을 강조하는 것이지 부자가 되게 해주신다는 뜻이 아니다. 아브라함과 야곱이 십일조를 해서 부자가 된 게 아니지 않는가. 십일조를 하기 전부터 이미 집에서 일하는 사람들을 많이 거느릴 만큼 소유가 풍부했던 사람들이다. 십일조를 해서 부자가 된다면 예수님 제자들과 바울은 왜 죽을 때까지 가난 했을까?

부자인 아브라함과 야곱이 자발적으로 서원한 약속을 왜 따라서 지켜야 되는 것일까? 부자의 소산의 일부와 가난한 사람의 일부는 다른 선상의 개념이다. 재산이 10억 있는 사람이 소산의 십분의 일을 드리는 것과 천만 원 보증금에 월세 사는 사람의 십분의 일은 차원이 다르기 때문이다. 부자는 일부분을 내놓아도 여전히 배불리 먹고 누리며 편하게 산다. 그러나 없는 사람은 평소에도 알뜰하게 허리띠 졸라매고 살지만 십일조를 하면 뱃가죽이 등에 붙을 수도 있다.

가난한 살림에서 뚝 떼어지는 금액은 삶의 구멍이 생기는 일이다. 구

멍으로 시린 바람이 들어와 추위에 떨고 있는 자녀를 보며 기쁘다고 말하는 부모가 세상에 있을까?

온전한 십일조를 하면 이자가 붙어서 돌아온다는 설득은 가난한 사람에게는 비현실적이다. 하늘에서 돈이 떨어지고 복권이 당첨된다는 말과 다름없기 때문이다.

부모에게 받을 유산도 없고, 부동산이 없어 땅 값이 오를 일도 없으며, 월급이 쉽게 오르는 직장도 아니고, 노후에 연금을 받는 처지도 아니며, 형제가 잘 살아서 도움을 받을 수도 없는데 도대체 어디서 이자가 붙는다는 말인가? 이자란 원금이 있어야 발생이 되는 것이다.

원금이 없는 사람에게 물질을 쓴 만큼 채워진다는 말은 몸의 고달픔을 의미한다. 새벽에 별을 보며 출근해서 별이 뜰 때 퇴근해야한다. 일을 더 연장해야 하고, 투잡을 뛰어야 수입이 늘어나는 게 현실이며 사실이다. 가난한 사람에게 몸과 마음까지 더욱 고달프게 부채질하는 걸 하나님이 바라실까? 현실을 외면한 진리는 구속일 뿐이다.

부자들은 하나님에게 화수분 같은 물질 축복을 받은 것이다. 십분의 일이 아니라 십분의 오를 해도 월세를 사는 사람보다 평생 편안하고 윤택하게 산다는 점을 상기해야 한다.

그렇기 때문에 십일조는 부자들을 향한 최소의 하한가 장치다. 인간의 본성에는 욕심이 있기 때문에 그나마 정해 놓지 않으면 부자들은 주머니를 열지 않기 때문이다.

부자들이 주머니를 열어야 큰일을 추진하는데 힘이 실린다. 돌탑을 쌓을 때 작은 돌멩이도 필요하지만 큰 돌이 탁 놓이면 탄탄한 것처럼 교회도 건강하게 유지되고, 사회도 부자가 소비를 해주어야 발전하는 것과 같다. 상인도 먹고 살고, 큰 빌딩이 올라가며 새롭게 변화되는 것이다.

십일조는 숫자적인 개념이 아니라 첫 것의 의미다. 나의 모든 것은 주님께로 왔으니 감사와 은혜로 돌려드린다는 고백이다. 가난해도 마음을 드리기 위해 자기 형편을 고려한 성실한 헌금 자세는 필요하다. 그러나 액수를 말하는 게 아니다.

때로 십일조 때문에 교회에 나오기 싫고, 위축감이 들어 소심해질 때가 있다. 그럴 때는 조용히 묵상하면 하나님의 음성이 들릴 것이다.

"내가 네 부모다."

부모는 자식이 가난해서 찾아오지 않는다면 마음이 무척 아플 것이다. 돈이 없어서 빈손으로 와도 부모는 반가워하고, 천원에 세 개하는 붕어빵 한 봉지를 들고 와도 기뻐하신다는 걸 잊지 말아야 한다. 부자이면서 손에 아무것도 안 들고 오는 인색한 자식은 괘씸하지만 초라한 자식은 걱정으로 마음 아픈 게 부모다. 오히려 냉장고를 뒤져 음식을 만들어 따뜻한 아랫목에 놓아 줄 것이다. 배불리 먹이고 추위를 녹여주고 싶어서다.


## 불교

사찰은 대부분 산속에 있다. 교통이 용이하지 않기 때문에 자주 갈 수가 없다. 그렇다고 해도 신도는 신도증을 받은 재적 사찰에 교무금을 시주해야한다. 보시를 강제하지는 않는다.

예전에는 스님들이 탁발을 해서 생활비, 사찰 운영, 포교활동을 했지만 요즘은 신도들에게 의지하기 때문에 재물공양이 필요하다.

보시는 육바라밀의 첫 번째 덕목이다. 열반에 이르기 위해 닦는 여섯 가지 실천 덕목 가운데 가장 중요한 것이 보시다. 그러나 내가 무엇을 베풀었다는 자만심을 가지면 진정한 보시로 볼 수가 없다고 했다.

중국 오대의 한 왕조인 양나라 무제(502 · 557)는 절에 시주를 많이 했다. 무제의 시주 덕에 수많은 절을 짓고 슬려들을 배출시켰다.

어느 날 무제가 달마대사에게 물었다.

"이렇게 큰 불사를 한 공덕이 얼마나 되겠습니까?"

달마대사는 대답했다.

"하나도 없습니다."

깜짝 놀란 무제는 당황해서 물었다.

"어째서입니까?"

"……."

무제는 백성들에게 수탈을 서슴지 않는 왕이었다. 백성을 고통, 한탄, 슬픔으로 몰아넣고 자기 혼자 복을 받겠다고 시주를 한 것이다. 인간의 됨됨이는 자비심, 선함이 잣대인데 남의 것을 빼앗아 공덕을 쌓으려는 의도도 잘못 된 것이지만 무언가를 바라고 시주를 했기 때문이다. 준 것을 기억하고 되돌려 받겠다는 시주는 이미 내가 잘났다는 마음이 있기 때문에 하나도 없는 것이라고 했다.

# 03 / 개독교

## 기독교

기독교라는 명칭은 개신교만을 뜻하는 게 아니라 카톨릭, 동방정교회를 함께 일컫는 말이다. 세 종파는 초대교회의 직계 후손이다.

처음에는 한 줄기였다. 그런데 콘스탄티누스의 수도가 이전되면서 세월이 흘러 서로마교회와 동로마교회로 갈라지게 되었다. 그러다가 1054년에 서로마교회는 카톨릭으로, 동로마교회는 동방정교회가 되었다. 그후 마틴루터의(1483~1546) 종교개혁으로 카톨릭에서 개신교가 갈라져나오게 되었다.

어느 날부터 세상에는 개독교라는 말이 생겨났다. 얼핏 세 종파를 합

쳐서 부르는 줄임말 같지만 사실은 다른 뜻이다. 개신교만 콕 찍어서 개 같은 종교라고 비하하는 말이다. 이 비속어는 교인만을 욕하는 게 아니라 하나님 존재자체를 부정하는 의미가 들어 있다. 교인들의 행동이 정도가 넘어선다는 말인 것이다.

그렇기 때문에 개신교인이라면 개독교라는 말은 흘러들을 게 아니라 깊이 숙고해서 자신을 들여다 볼 필요가 있다. 어쩌면 예수님이 돌아가실 때 구원받은 우편의 강도보다 더 큰 죄를 저지르고 있을지도 모르기 때문이다.

강도는 남의 재물을 훔치고, 폭행하고, 온갖 나쁜 짓을 해서 헌법으로 극형을 받았지만 적어도 하나님을 욕 먹이지는 않았다. 피해를 당한 사람들이 강도를 비난했지 그와 상관없는 예수님을 비난하지는 않았기 때문이다.

신앙을 가진 사람들이 잘못을 하면 저절로 하나님과 연결된다. 개독교라는 욕을 듣게 하면 우편의 강도보다 더 큰 죄라는 의미는 그릇된 행동으로 사람들로 하여금 하나님의 존재를 부정하게 하고, 생명을 실족시키는 행위이기 때문이다. 자신도 천국을 못가지만 다른 사람도 하나님이 존재하지 않는다고 믿게 해서 구원받지 못하게 하는 결과를 낳는다.

일반적으로 아무리 인내심이 강한 사람이어도 누군가 자신을 욕하는 건 참아도 부모 욕을 하면 가만히 있지 않는다. 모욕감, 수치심이 극대화되고 죄송하기 때문이다. 설혹 부모가 세간의 입방아에 오르내리도록 나쁜 짓을 했다고 해도 자식입장에서는 부모 욕을 듣는 건 무척 괴로운 일이다. 그런데 자신 때문에 하나님이 욕을 먹는데도 아무렇지 않다면 믿음을 점검해봐야 한다.

모습이 엉망이어도 하나님에게 여전히 어여쁜 자녀일까? 무슨 짓을 해도 상관 없이 천국에 갈 수 있다고 생각하는가? 그렇다면 두꺼운 성경이 왜 필요한 것일까? 나쁜 짓을 많이 저지른 우편의 강도도 구원 받았는데 나 정도면 괜찮을 것이라고 안심하는 것인가?

믿음이란 하나님의 존재 여부를 인식하는 게 아니라 그 분의 뜻대로 움직여 주어야 한다. 믿음이 없는 사람과는 차이가 있어야 하는 것이다. 더 못하거나 똑같으면 악세사리처럼 믿음이 장식에 불과할지도 모른다.

인간이기에 실수를 할 때도 있겠지만 정도를 벗어나지 않으려고 노력하는 사람에게는 남다른 모습과 정신이 나타난다. 자신으로 인해 거룩한 신앙이 훼손되고, 구원받아야 될 영혼들이 실족되는 걸 두려워하면 저절로 참고, 인내하며, 양보하고, 배려하는 자발적인 바보가 되기 때문이다.


## 불교

불교는 공동체의 개념보다 단독행보다. 그렇기 때문에 개인의 잘못을 통해 전체가 욕을 먹지는 않는다. 홀로 자비를 이념으로 삼고 자아를 찾아가는 여행자들이기 때문이다. 그래서 병원에 입원해도, 장례가 발생 되어도, 집안의 대소사가 생겨도 종교와 관련된 방문객이 거의 없다.

신과 같은 목적의 실재가 없기 때문에 자기 속에 무한한 능력이 있다고 믿는다. 기독교처럼 시작과 끝이 있는 직선의 흐름이 아니라 끝없이 윤회하는 원형적 흐름 속에 자신을 챙기며 사는 것이다.

원형적 흐름 속에 놓인 생명은 필요한 봇짐만 있으면 되는 것이다. 그래서 법정스님은 중이 되고 싶어 출가한 것이 아니라 가볍고 자유로운 진리를 찾아 스님이 되었다고 했다. 물리적인 모든 집착, 애착의 구속에서 벗어나 무소유의 삶을 펼치셨다. 욕심으로 챙겨서 영혼의 머리에 이고, 지고 메고 가는 것은 자신을 찾는 게 아니라 짐꾼에 불과하기 때문이다.

본래 선업은 가볍게 하는 일이고 악업은 무게를 더하는 것이다. 모든 것은 욕심에서 비롯되기에 무소유를 강조했다.

바꿔 말하면 누군가에게 피를 흘리게 하면 그 피는 내 영혼에 묻어 따라 다닌다. 깔끔하게 씻어내는 방법은 언젠가는 누군가 내 피를 흘리게 해야 닦아 낼 수 있다는 뜻이다. 응고된 피는 따스한 액체만이 사라지게 할 수 있기 때문이다. 자신이 흘린 따스한 액체로 응고된 고체를 녹여 닦아 낼 수밖에 없는 것이다. 아니면 깨끗한 물로 씻어내리려면 온도를 높이는 큰 자비를 베풀어야 한다.

물리적인 것이든, 비물질이든 원형적인 흐름 속에서는 자비만이 맑고 가볍게 할 수 있다.


## 무신론

본래 단일성이나 일회성은 보전할 목적이 없기 때문에 귀하게 여기지 않는다.

사람도 마찬가지다. 살다가 죽으면 그만이라는 생명의식은 자신을 곱고 아름답게 보전할 가치를 느끼지 못한다.

힘든 일이 생기면 극복하기보다 포기가 쉽다. 자신의 삶을 이끌어가는 힘도 약하지만 다른 사람들에게도 마음 써서 지켜주려는 배려심이 적다. 윤리, 도덕을 애써서 지켜야 될 근거가 없기 때문이다. 자신의 행동에 심판자도 없고, 업에 따라 달라지는 불안한 윤회의 두려움도 없다.

이 세상이 끝인지 다음 생이 있는지 과학적으로 근거는 없다. 하지만 '알 수 없음'이란 50:50의 확률이다.

영국의 부활 논쟁 작가 '앤터니 플루'는 영혼에 대해 확실한 증거를 찾을 수 없다고 철저한 무신론자였다. '무실론 추정'의 이론적인 책도 출간했다. 그러나 2004년에 지금까지의 의식을 뒤집었다.

'나는 자연의 증거로 신을 찾아냈다. 이제부터는 신의 존재를 받아들이겠다.'

앤터니 플루처럼 인간이란 아무리 생각이 단단하고, 똑똑하고, 고집이 있어도 생각이 변할 수 있다.

젊었을 때 읽은 똑같은 책을 나이가 들어서 읽으면 받아들이는 게 다르고 생각도 차이가 있다. 혈기가 넘칠 때와 어느 정도 세상을 살아 낸 후에 사물에 대한 판단이 달라질 수도 있기 때문이다. 변덕쟁이어서가 아니라 경험으로 더 깊고, 넓은 안목이 생겨서다.

개인의 차이가 있겠지만 죽으면 그만이라는 데에 인생의 주안점을 두면 자신에 대해 소홀하다. 하지만 '앤터니 플루'처럼 마음의 변화가 일어나지 않더라도 죽으면 그만일망정 한번 뿐이기에 멋지게 잘 살아야겠다는 의지는 자신과 주변을 평화롭게 이끌어 낸다.

가족 가운데 골칫덩이로 사는 사람의 공통점이 있다. 자신 때문에 가족이 아무리 힘들어해도 개선의 의지가 없다. 살다가 죽으면 끝이라는 생각이 지배적이기에 제 멋대로 사는 것이다.

사회든 모임이든 가족의 공동체에서는 자기만 잘 살아내도 질서를 유지시키며 제 몫을 하는 것이다. 남을 꼭 도와주지 않아도 상관이 없다. 자기에게 주어진 몫에 대한 책임을 다하면 저절로 타인에게 좋은 영향을 미친다. 똑바로 걸으면 남과 부딪치지 않아 평안을 주지만 비틀거리면 옆에 있는 사람이 불안해하는 것과 같다. 어쩌면 인간은 당장을 위해 사는 게 아니라 미래를 향해 나아가며, 내일은 좀 더 나아지리라는 희망으로 살아가는 존재일지도 모른다. 순간을 살아도 삶의 질을 좌우하기 때문이다.

# 04 / 중요한 사람과 하찮은 사람

## 기독교

애초에 하나님은 사람을 지을 때 외모, 성격, 기질, 물리적인 조건을 다르게 빚었다. 각 용도에 따라 크고, 작고, 넓고, 좁고, 둥글고, 뾰족한 그릇이 필요하기 때문이다. 꽃을 꽂을 때 물탱크에 물이 담겨있다고 해서 꽃 화병으로 사용할 수는 없는 노릇이다. 필요에 따라 다양한 모습은 불가피하다.

넓은 댐도 있어야하고 작은 저수지도 필요한 것과 같다. 댐과 저수지는 물을 저장하는 용도는 같지만 담겨 있는 량과 쓰임새는 다르다. 댐의 물은 방류되어 사람들의 생활수, 동물, 식물의 음용수, 공업용수로 사용되지만 저수지의 물은 농작물 생육만을 돕는 제한수다.

저수지의 물은 멀리 넓게 나아가는 댐의 물과는 달리 동네 언저리에 머문다. 개인적으로는 못마땅하고 답답할 수도 있다. 그렇지만 전체적인 질서와 조화를 위해 그 모습, 그 역할은 어쩔 수가 없다.

하나님은 사람을 창조할 때 이미 한 사람 한 사람마다 어떻게 살게 할지 구상해서 다르게 지으셨기 때문에 인간은 자기 환경이 못마땅해도 받아들일 수밖에 없다.

**토기장이가 같은 진흙덩이로 하나는 귀히 쓸 것을**
**하나는 천히 쓸 그릇을 만들 권한이 없느냐**
**(롬 9:21)**

하지만 자신이 이 세상에서 어떤 모습인지에 대해서는 신경 쓸 필요가 없다. 비교도 무의미하다. 우리는 댐의 물을 잘 관리하고 적당한 때에 물을 방류하는 수문장일 뿐 댐의 주인이 아니기 때문이다. 저수지도 논에 물을 끌어다 대는 농부일 뿐 소유자가 아니다. 주인인 하나님이 맡긴 일을 담당하고 있는 것이다

댐의 수문장은 제때에 물을 방류하므로 사람, 동물, 식물이 살 수 있도록 해야 되는 임무를 맡은 것이고, 농부는 논바닥이 마르지 않도록 물을 대서 생산량이 높여 배고픈 사람이 없도록 하는 것뿐이다. 수문장은 목숨이 있는 생명을 살리는 일이고, 농부는 풍부한 곡식으로 빵을 해결하

고, 에너지를 높이고, 경제를 살린다.

이 세상에는 특별히 중요한 사람도 없고, 하찮은 생명도 없다. 모두
는 필요해서 지어진 동등한 가치를 지닌 존재다. 서로가 씨줄날줄로 얽
혀 공존하기 때문에 사람위에 사람 없고 사람 밑에 사람이 없는 것이다.


## 불교

사람이 사람에게 누가 더 중요하고 하찮은지 구분을 지울 수가 없다.
이 세상에 태어났다는 것 자체가 이미 동급이다. 생활 모습의 차이는 있
지만 전생에 해탈해서 극락왕생을 하지 못해 이 세상에 다시 온 것은 마
찬가지 입장이기 때문이다.

부처님의 열반도 당대의 일만으로 이루어 진 게 아닌 것처럼 모두는
해탈의 기회를 얻기 위해 이 땅에 다시 태어난 생명들이다.

부처님이 인생은 고해라고 한 이유는 누구나 선업이든 악업이든 무게
감을 갖고 태어났기 때문이다. 바다에는 휘몰아치는 파도가 있듯이 인생
자체가 해결해야 할 업의 구속이 있어 굴곡이 많다. 다만 각자 불행, 근
심, 걱정의 부피와 무게가 다른 것뿐이다. 각자 업의 저울대로 감당해야
될 몫이 있기 때문에 다른 것이다.

바다란 잔잔할 때도 있지만 거친 파도가 있다. 하지만 똑같은 파도가
덮쳐도 작은 고깃배와 원양어선의 위험도는 다르다. 작은 고깃배는 파
도에 쉽게 뒤집어져 곤혹을 치를 수 있지만 원양어선은 큰 파도에도 끄
떡없다.

그러나 현재 작은 고깃배를 타고 있든 원양어선을 타고 있든 이 세상

에 태어난 것은 해탈을 지향해서다. 노를 젓다가 지칠 수도 있지만 끊임 없이 마음 노력을 해야 한다.

해탈을 이루는 방법은 사람을 상대로 덕을 쌓는 일이다. 중생들은 가족관계에서 삶이 시작되고, 사람들 속에서 성취를 이루고, 가족의 눈앞에서 인생을 마감하기 때문이다.

사람 속에서 큰 덕을 쌓는 일이란 자기보다 강하고, 잘 살고, 좋은 조건의 사람에게 관심을 갖기보다 초라하고, 약하고, 보잘 것 없는 생명에게 베푸는 호의가 더욱 크다.

약한 인생들은 이미 환경의 의해 삶의 면역력이 떨어져 있을 수 있다. 면역력이 약하면 외부의 세균에 쉽게 노출 되듯 누군가 무시하고 함부로 하면 쉽게 무너진다. 쓰러져 있는 사람 일으켜 세워주지는 못할망정 밟고 지나가면 그만큼 충격이 크기 때문에 큰 업장을 짓는 일이다. 강하고 잘 사는 사람은 웬만한 외부 충격에도 끄덕하지 않는다.

이 세상에는 중요한 사람 하찮은 사람은 없지만 비굴한 짓을 하는 사람과 자비로운 사람은 있다.


## 무신론

가끔 장애자들을 보면 하늘에 떠 있는 수소풍선처럼 물음표가 떠오른다. 건강해도 살아가기 힘든 세상에 신체적인 부자유와 정신적인 결함으로 어떻게 살아가려고 태어난 것일까? 의미와 가치를 발견하기보다 비참한 인생으로 비춰지기만 한다.

그러나 생명의 위대함은 눈으로 발견하기란 어렵다는 걸 깨닫는다. 장애를 통해 빛나는 업적을 이루고, 광명한 미래를 준비 할 수 있는 능력으로 나타나기도 하기 때문이다.

세종대왕이 한 글을 창제한 동기는 자신의 신체적 장애에 의해서다. 실명상태에 이를 정도로 시력이 안 좋았다.

그 당시 일반 백성들은 글자 없는 생활을 하다 보니 세상의 이치를 깨닫지 못했다. 인간으로서 권리도 못 찾아 기득권자들에게 억울한 일을 당하며 살았다.

세종대왕은 백성들의 고통, 약함, 서러움, 억울함을 누구보다 강하게 느낄 수 있었다. 자신의 장애를 통해 부족함, 나약함이 얼마나 힘든지를 알게 된 것이다.

또한 세종대왕은 눈이 안 보이면 귀가 발달해서 모든 소리를 구분하는 능력이 뛰어 날 수 있다는 것을 몸소 체험했다. 한쪽의 장애는 다른 면을 뛰어나게 발달시킨다는 깨달음은 누구든 존재한다는 것만으로 가치가 있다는 걸 알게 했다.

그래서 한글을 창제하고 모두 잘 살도록 환과고독 정책에 힘썼다. 세상의 밑바닥에 놓여 있는 생명들을 돌보기 위해서다. 홀아비, 과부, 장애인, 고아들에게 살아갈 수 있도록 집을 주었다.

하지만 왕이 누가 되느냐에 따라 정책이 달라질 수 있다는 것을 알고 한글을 만든 것이다. 누구든 글을 알아서 어느 상황에서든 스스로를 지킬 수 있게 하기 위해서다. 글을 읽으므로 생각과 안목을 넓히고, 논리와 이치를 깨달아 억울한 일도 당하지 않도록 하셨다.

# 05 / 일부다처제

## 기독교

인류 최초로 두 아내를 얻은 사람은 라멕이다.

라멕은 동생을 죽이고 살던 곳에서 쫓겨나 놋 땅에 거한 가인의 후손
이다. 아담의 아들인 가인의 후손들은 놋 땅에서 몇 대를 거치는 동안 문
명과 문화를 창출하고 번성해 나갔다. 그곳에서 태어난 라멕은 어느 정
도 부를 갖고 있었다.

오늘날의 사람들도 다 그런 건 아니지만 먹고사는데 여유가 생기면
유흥에 눈을 돌리듯 라멕도 딸랑거리는 방울 같은 여자 씰라에게 마음
을 빼앗겼다.

라멕은 첫째 부인인 '아다'가 있었지만 씰라를 후처로 들였다. 아다는 아발과 유발을 낳았고 씰라는 두발가인을 낳았다. 자식들은 성장해서 아발은 목축업을 하는 사람이 되었고, 유발은 악기를 만드는 사람이 되었다. 그러나 후처인 씰라의 아들 두발가인은 최초로 생명을 살상하는 무기를 만들었다.

세월이 흐를수록 놋 땅은 목축업이 발달되고, 악기가 전파되며 무기도 다양하게 발전했다. 그러나 무기가 발달할수록 사용용도가 죄와 연결되었다. 라멕은 후처의 아들 두발가인이 만든 칼로 사람을 죽였다. 최초의 살인자 가인에 이어 두 번째로 사람을 살해했다. 뿐만이 아니라 라멕을 시작으로 세상에는 일부다처제가 시작되었다는 점이다.

하나님은 한 남자와 한 여자가 만나 가정을 이루라고 했지만 라멕은 육욕을 절제하지 못한 것처럼 많은 사람들은 후처를 들이는데 주저하지 않았다. 후처를 들인다는 의미는 단순하게 한 남자가 여러 명의 여자와 사는 개인적인 삶의 방법이 아니라 부작용이 따른다.

남편이 첩을 들이면 본처는 심한 속병에 걸리고 첩이 낳은 자식은 천대를 받는다. 하나님의 법을 어기고 음행으로 시작된 일부다처제의 부작용은 아끼고 보호해야할 가족을 고통스럽게 하는 일이다. 가족뿐만이 아니라 나아가서 전체적으로 악영향을 미친다.

훗날 아브라함도 본처인 사라가 있음에도 후처 하갈에게서 아들 이스마엘을 얻었다. 하갈은 이스마엘을 낳은 후 본처인 사라를 업신여겼다. 그러나 슬퍼하던 사라가 아들을 낳으므로 하갈은 아들과 집에서 쫓겨났다.

후처에게서 태어난 아들들은 아무 잘못도 없는데 어릴 때부터 구박을 받고 비참한 환경에 놓인다. 부모의 잘못된 선택이었을 뿐이지만 힘든 환경의 영향으로 정서가 유순하지 못했다.

결국 라멕의 후처 아들인 두발가인은 살상 무기를 만들었고, 아브라함의 후처의 아들 이스마엘도 생명의 가치를 우습게 여기는 살인과 무관하지 않다. 오늘날 이슬람 종교의 조상이기 때문이다. 그 종교에서 무장단체인 IS가 탄생했다. 지구 한 귀퉁이를 핏빛으로 물들이고, 공포로 인해 많은 사람들이 나라를 떠나 거리에 떠도는 난민으로 만든 것이다.

하지만 하나님이 우리에게 주는 메시지는 부모가 인생을 잘못 살고 있다는 걸 느꼈다면 더욱 긴장하며 자신을 챙기기를 바라신다. 자신이 비참할수록 자기 후손에게는 이어지지 않도록 저주를 끊어야 희망이 있는 것이다.

구약의 사사 '입다'는 기생이 후처로 들어가 낳은 아들이다. 성장하면서 형제들에게 차별, 멸시를 받다가 집에서 쫓겨났다. 갈 곳이 없어 길거리에서 살다보니 자연스럽게 불량배들과 어울렸다.

그러나 입다는 불우한 환경이 주어졌지만 사람들을 이끄는 지도자가 되었다. 하나님이 이스라엘 장로들에게 직접 입다를 군대 장관으로 임명하라고 했다.

하나님은 입다가 불량배들과 어울리면서 싸움에 능하다는 이유 하나만으로 사사로 세운 게 아니다. 입다는 불량배와 어울리기는 했지만 정신의 기질이 남달랐다. 누구하고든 잘 어울렸고, 약한 사람은 건드리지 않았고, 주어진 위치의 책임을 완수하려는 의지가 강했다. 전체를 향한 인간미가 있었고 자신에 대해 엄격한 사람이었다는 뜻이다.

입다는 사사가 된 후에도 하나님과 약속한 건 철저히 지켰고 자신의 임무에 충실했다. 입다는 짧은 기간 사사로 있었지만 많은 업적을 이루었고, 성경에 기록되는 인물이 되었다.

그러나 하나님의 질서를 파괴한 라멕은 부끄러운 인물로서 성경에서 족보가 끊겼다. 후손들도 조상 라멕 때문에 하나님과는 상관없는 백성이 되었다. 아무리 부자여도 하나님 없이는 천국의 소망은 없는 것이기에 불행한 가문인 것이다.


## 불교

남자들의 육의 욕망은 아름다운 꽃을 대하는 것과 같다. 길가다가 아름다운 꽃이 있으면 꺾어서 화병에 꽂아 자기 방에 놓고 혼자만 보려고 하는 것처럼 여인을 취하려고 한다.

부처님 만년에 암바빨리라는 기생이 있었다. 그녀는 가무도 뛰어 났지만 자태도 무척 아름다웠다. 누구라도 한 번 보면 넋을 잃을 만큼 매혹적이었다. 보석으로 휘황찬란하고 화려한 상업도시인 바이샬리라는 곳보다 그곳에 사는 그녀가 더욱 빛날 정도였다.

어느 날 암바빨리는 부처님이 그곳에 온다는 말을 들었다. 그녀는 부처님에게 관심을 가졌다. 본래 기녀들은 성자에게 관심이 많다. 남자들이 욕망으로 꽃을 꺾어 자기 방에 갖다 놓으려고 하는 것처럼 기녀들은 성자들을 꺾어 자기 것으로 만들고 싶은 것이다. 다른 사람에게는 비싼 화대를 받지만 성자에게는 오히려 자기 재산을 내 주면서 유혹할 만큼 대환영한다.

암바빨리도 부처님이 바이샬리로 오자 화려한 옷, 보석으로 치장을 하고 멋진 마차를 타고 만나러 갔다. 부처님은 그녀가 유혹하려는 것을 알아채고 대중설법을 했다.

악마는 멀리 있는 존재가 아니라 내안에서 일어나는 욕망이라고 했다. 관능적 욕망에 마음을 빼앗기면 악을 행하는 것이고, 타오르는 불구덩이로 들어가는 것과 같은 것이다. 스스로 마음을 챙기지 못하면 지금껏 가졌던 명예, 명성을 잃게 되니 잘못 된 욕망, 불건전한 정서는 제거하는 데 전력을 해야 한다는 설법이었다. 누구든 음행은 삶을 타락시키고 악한 행위라고 규정한 것이다.

암바빨리는 그냥 돌아 올 수밖에 없었다. 그러나 그 때 들었던 설법은 잊지 않았다. 세월이 흐르자 외모도 변해서 추해졌다. 자신의 모습에 무상함을 느낀 암바빨리는 부처님 교단에 귀의했다. 재산도 내놓고 수행의 삶으로 불교의 성자가 되었다.


## 무신론

인생의 바다위에는 가정이라는 수많은 배가 떠 있다. 배마다 아빠는 돛대, 엄마는 삿대가 되어 자식들을 태우고 향해하는 것이다.

그런데 본래 바다란 잔잔할 때도 있지만 풍랑이 있다. 그렇지만 출렁이는 파도에도 중심을 잘 잡는 아빠인 돛대가 있고 바람이 불어도 방향을 잘 잡는 엄마인 삿대가 있어 자식들은 안심할 수 있다.

그러나 가정이라는 퍼펙트한 조합을 깨트리는 주범이 도사리고 있다. 그 중에 하나가 불륜이다.

아빠인 돛대가 어느 날부터 아내인 삿대가 싫어졌다. 옆에 떠 있는 다른 배의 삿대가 마음에 들어 왔기 때문이다. 결국 아빠인 돛대는 아내인 삿대를 버리고 이웃의 삿대와 떠났다.

혼자 남은 삿대는 파다가 출렁거릴 때마다 중심을 잡을 수 없었다. 아이들은 배 멀미를 하며 고통스러워했다. 밤이 되면 아이들과 캄캄한 바다 위에서 불안에 떨었다. 삿대는 돛대의 필요성을 절실히 느꼈다. 결국 다른 배의 돛대를 뺏어 자기 배에 꽂을 수밖에 없었다.

바다 위에는 또다시 아빠인 돛대를 잃은 한 가정이 생겨난 것이다. 그 배 안에도 아내 혼자 어린 자식과 함께 휘몰아치는 바람을 맞으며 두려움에 떨고 있는 아내가 있다.

그래서 바다에서 부는 바람 속에도 휘이잉 거리는 애잔한 곡소리가 섞여 있지만 인생의 바다에서 부는 바람 속에도 슬픈 곡소리가 섞여있다. 가족을 버리고 떠나 버린 돛대의 가족과 삿대를 빼앗긴 가족들의 신음 소리가 바람에 실리는 것이다. 마음으로 우는 남편이 있고, 힘겨워서 절망하는 아내가 있고, 잡고 있을 동아줄이 없어 휘청거리는 자식들의 슬픈 숨소리가 허공에 떠돈다.

음행에 빠져 가족을 버린 돛대와 삿대는 그 시각에 낭만의 새털구름을 타고 희희낙락거리며 어디에서 살고 있을까?

# 06 / 여러갈래의 교파

## 기독교

오늘날에도 한 기독교 안에 여러 교파가 나뉘어져 있듯이 예수님 초
림 당시도 그랬다. 바리새인, 사두개인, 에세네파다. 세 교파는 모세 오
경을 받아들이고 안식일을 지키는 공통점은 있었지만 예언서나 성문서
를 받아들이는 데는 차이가 있었다.

바리새인은 죽은 후의 부활, 최후의 심판, 천사, 영생, 사탄의 존재를
믿었다. 그러나 사두개인은 내세, 천사, 부활을 믿지 않았다. 에세네파는
영혼불멸은 믿었지만 죽은 후의 부활은 믿지 않았다.

세 교파는 자신들이 믿는 진리에 따라 세상을 사는 방법도 차이가 있었다. 내세를 믿지 않는 사두개인은 철저히 세속적이었다. 로마제국에 협조해 막대한 이권을 챙기고 부와 권력을 위해 누군가의 희생과 피해가 따라도 아랑곳 하지 않았다.

바리새파는 형식과 율법주의를 고수하며 자기들만이 하나님께 선택받은 민족이라는 특권의식을 갖고 있었다. 타종교는 무시하고 자기들만을 고집하다보니 융통성 없는 집단으로 정치와 다른 교파들과 늘 갈등을 일으켰다.

에세네파는 죽은 후에 영혼만 육체의 사슬에서 벗어나 영생하고 부활 때의 마지막 심판이 없다고 생각하기 때문에 이웃에 마음을 열기보다 믿음이 같은 사람끼리만 뭉쳤다. 자신들이 남은 의인이라고 지칭하며 공동식사, 결혼사양, 재산공유, 금욕을 했다. 하나님의 뜻, 계획, 심정을 헤아리기보다 규칙에만 집착했다.

세 교파는 부분적으로는 달랐지만 하나님을 믿는 뿌리는 같았다. 그런데 BC4세기경에 그 뿌리를 흔드는 예수님이 나타났다. 예수님은 자신의 소개를 원죄의 감옥에 갇힌 인류를 해방시키기 위해 이 땅에 온 하나님의 아들이라고 했다. 그러나 그들은 740년 전에 이사야 선지자가 예수님의 탄생을 예고했음에도 하나님 아들이라는 걸 인정하지 않았다.

**주께서 친히 징조를 너희에게 주실 것이라**

**보라 처녀가 잉태하여 아들을 낳을 것이요**

**그이 이름을 임마누엘이라 하리라**

**(이사야 7:14)**

하나님의 아들이라고 말하는 예수님을 그들은 신성모독이라고 비난했다. 그렇지만 오히려 예수님을 따르는 무리들은 늘어났다. 결국 세 교파는 작당해서 예수님뿐만 아니라 따르는 무리들도 핍박하고 괴롭히며 죽이려고 했다. 율법주의자들이었던 그들은 본래 모세의 십계명 중에 하나님의 권위는 지켰지만 이웃에 대한 존중은 무시하는 자들이었다.

장애자들은 성전에 들어오지 못하게 했고, 세리와 창기와도 상대하지 않았다. 의인인 자신들과 죄인들이 어울리면 안 된다고 생각했기 때문이다. 그러나 예수님은 하나님의 구원계획과 사랑은 전 인류를 대상으로 한다고 외치며 율법을 완성시키기 위해 앉은뱅이, 소경, 세리, 창기와도 친구가 되어 주었다.

예수님이 하는 행동이 더욱 못마땅한 그들은 더욱더 맹공격하기에 이르렀다. 그때 예수님이 그들을 향해 일갈했다.

**천국의 문을 사람들로부터 닫아버리고 너희들도 들어가지 않고**
**들어가려는 사람도 못 들어가게 하는 도다.**
(마태 23:13)

자신들을 향해 꾸짖자 그들은 화가 나서 예수님을 죽이기로 작정했다. 예수님을 붙잡아 시민을 통치하는 로마총독 빌라도 앞에 데리고 갔다. 본인들 힘으로는 예수님을 죽일 수 없어 사법권을 가진 통치자 앞에 데리고 간 것이다. 빌라도는 자기에게 적극적으로 협조하는 종교 지도자들과 말썽에 휘말리기 싫어 그들이 원하는 대로 예수님에게 사형 언도를 내렸다.

예수님은 십자가에 못 박혀 돌아가셨다.

그 후 예수님을 십자가에 못 박은 세 교파의 생명력은 바람 앞에 등 불이 되었다.

기원후 70년에 로마황제 디투스가 그들이 모여 예배드리던 예루살렘 성전을 파괴했다. 대제사장직을 맡았던 사두개인은 권력도, 삶의 질도, 모든 힘을 잃고 흩어져서 사라져갔다. 에세네파는 자신들의 공동체를 핍 박하고 공격하는 로마와의 오랜 투쟁으로 거의 죽었다. 살아남은 숫자가 있었지만 다른 집단에 융합되어 그들 역시도 없어졌다. 바리새인만이 희 미하나마 명맥이 계속 이어졌다. 그러나 세월이 흘러 독일 히틀러에 의해 600만이라는 숫자가 한꺼번에 죽었다. 그럼에도 현재 지구의 한 귀퉁이 의 작은 땅에서 이스라엘이라는 국가를 이루어 살고 있다. 하지만 그들은 아직도 예수님을 믿는 기독교를 이단이라고 생각하고 있다.

본래 생명의 본성이란 움직이며 퍼져나가는 성질이 있다. 세 교파가 예수님의 권위와 복음의 맥을 끊으려고 했지만 굵고, 길고, 단단하고, 넓 게 퍼져 갔다.

기독교의 복음은 동방의 작은 나라 한국에도 들어왔다. 1832년에 네 덜란드 귀츨라프가 성경을 먼저 보냈다. 그러다가 1866년에 토마스 선교 사가 들어와 복음을 전파해 오늘에 이르렀다. 그런데 백 오십년이 지나면 서 새로운 신흥교파의 가지들이 뻗어 나가고 있다. 하지만 상기해서 주의 해야 될 점이 있다. 몸통이 아니라 가지에 생명을 맡기는 일이란 위험하 다. 잔가지는 어느 순간에 가지치기 대상이 되기 때문이다.

# 불교

부처님이 불교를 창시할 때 이미 인도에는 고대로부터 전해 내려오는 힌두교가 있었다. 힌두교는 3억8천이란 신들의 존재를 믿는 종교다. 많은 신관이 있어 다신교로 보이지만 모든 신들의 최고인 창조의 시바신이 있기 때문에 일신교 형태다. 그런 시대에 네팔과 인도 국경에서 부처님이 탄생했다. 성은 고티마(gotame) 이름은 싯타르타(siddhartha)다. 싯타르타는 BC 6세기경에 깨달음을 얻은 후 그를 존경하는 사람들에 의해 부처님으로 불리게 되었다.

인도 국민은 태어날 때부터 힌두교인이다. 많은 신관이 있는 가운데 부처님이 새로운 불교를 또 하나 창시했다. 불교의 새로운 이념은 성불, 자비, 해탈 사상이지만 힌두교의 윤회사상은 받아 들였다.

세월이 흐르면서 부처님의 진리를 따르는 무리들이 생겨났다. 그 가운데 마우리아 왕조 3대왕인 아소카 왕이 불교를 받아들였다. 왕은 칼링가 정복을 계기로 전쟁의 참사를 깊이 깨달아 자비의 이념을 가진 불교에 귀의한 것이다. 왕이 불법을 받아들이므로 백성들도 따르다보니 불교는 발전했다. 그러나 아소카 왕이 죽고 굽타왕조가 들어서면서 불교가 약해졌다. 굽타왕조는 힌두교의 신중에 '비슈누'라는 신을 받아들였기 때문이다.

비슈누는 남성신이며 시대와 상황에 따라 다양한 모습으로 자신을 드러내는 신이다. 오늘날 시체를 강물에 띄워 보내고 꽃과 향기가 뒤엉킨 갠지스강에서 목욕을 하는 것도 비슈누신과 연결 되어있다. 비슈누 신의 발뒤꿈치에서 흘러나오는 물이어서 죄를 씻어내는 신성한 물로 여기는 것이다. 뿐만 아니라 굽타왕조는 자신들을 신격화시켜 사람들을 지배하기 위해 윤회사상을 바탕으로 카스트제도를 정착시켰다. 태어나면서부터 귀족과 천민이 나뉘어져 있는 계급의 사회다.

높고 낮음의 차별은 왕족과 높은 계급에 있는 사람들에게는 신나고 좋은 교리지만 천민들에게는 비참함이다. 카스트제도의 당위성을 지닌 운명의 굴레에서 벗어나지 못하는 것이다. 개인적으로는 삶의 의지, 활력, 재능무시, 노력의 무의미, 인권침해가 따른다.

그럼에도 천민들은 불평불만하기보다 굽타왕조에게 순종했다. 계급에 순종만이 다음 생에는 좋은 모습으로 태어 날 수 있는 조건이라고 믿었다. 금생의 비참한 모습은 과거에 자신이 잘못 살아온 본인 탓이기에 받아들이는 것이다. 지금도 인도에서는 불교를 수많은 힌두신의 하나로 여기기 때문에 불교의 고향이지만 약하다.

우리나라에는 고구려 소수림왕(372)때 처음 들어 왔다. 중국 16국 중에 하나인 전진의 부견이 승려 순도를 고구려에 보내므로 전파된 것이다. 우리나라에 들어온지 천팔백 년이 지난 지금은 크게는 대승불교와 소승불교로 나뉘어져 있고, 그 안에 특징, 사상, 개념차이로 여러 개로 또 분파되어 있다.

# 07 / 인간의 원죄

## 기독교

예수님이 이 세상에 오신 이유는 인간의 원죄를 해방시키려고 오셨다고 한다. 얼핏 납득이 안 된다. 죄를 지은 기억이 없는데 무슨 죄인이라는 말인가? 일방적으로 죄인이라고 규정하고 풀어 준다는 말은 비논리적이어서 받아들이기 어렵다. 하지만 왜 그렇게 말하는지 한번쯤은 들여다보는 것도 자신을 위해 나쁘지 않다.

하나님은 최초의 인간 아담을 창조할 때 갓난아기가 아니라 청년으로 빚었다. 말귀를 알아듣고 사물의 이름을 지을 수 있는 창의력, 지각력, 짝 짓기도 가능한 사내인 것이다.

어느 날 하나님은 그 사내가 혼자 있는 게 외로워 보여 숙녀인 하와를 만들어 부부로 맺어 주었다. 그리고 그 부부에게 꽃, 새, 풍부한 과일이 가득한 에덴동산에 신혼 방을 차려 주었다. 하지만 풍부한 모든 자원은 누리도록 허락했지만 한 가지만은 건드리지 말라고 당부했다. 그 것은 동산의 중앙에 있는 선악과다.

그런데 하와가 뱀의 유혹에 넘어가 선악과를 따 먹었다. 하지 말라는 짓을 한 것이다. 사소한 일이 아니라 하나님과 인간관계의 위계질서의 근간을 흔들어 놓는 중요한 일이었다.

하나님의 말씀을 무시한 불순종의 대가는 엄청났다. 동조한 남편은 평생 일해서 가족을 먹여 살려야 하는 노동의 의무가 지워졌고, 아내는 산고의 고통을 겪게 되리라고 했다. 그뿐만이 아니었다. 그들의 후손까지 죄인의 자식이라는 연좌제의 굴레에 놓이게 했다.

여자 죄수가 감옥에서 아이를 낳아 기르면 그 아이도 감옥 안에 있는 것과 같은 원리다. 인류의 어미인 하와의 불순종의 죄로 인해 후손들은 감옥 안에 갇힌 형국이 되어 버린 것이다.

오늘 날에도 동서고금을 막론하고 가족 중에 한 사람이 반역을 저지르면 친족, 외족, 처족까지 화를 입는다. 러시아 니콜라이 2세도 세계1차 대전에 연합국에 참여하므로 패배하여 식량난으로 정부의 권위가 추락되자 그의 다섯 자녀들과 하녀들까지 처형 되었다. 어린 자녀들과 하녀가 무슨 잘못이 있다는 것인가?

우리나라도 AD 3세기경 고구려 때부터 남편이 죄를 지으면 당사자만 죽이는데 그치지 않았다. 그의 처자식을 노비로 삼았다. 조선시대에도 명나라의 대명률이란 이름의 연좌제를 받아들여 실행해서 가족 중에 한사람이 잘못하면 삼족을 멸했다. 1894년에 대원군이 연좌제를 폐지했지만 오늘날까지도 여전히 감성적으로는 남아 있다.

타인에 의해 억울한 희생자가 되는 연좌제의 굴레는 부당하다. 하지만 중범죄는 사회의 질서와 정의구현을 흔들어 놓을 수 있는 원인이 되기 때문에 엄격할 수밖에 없다. 자신의 잘못된 처신으로 가족에게 화가 미치는 중한 벌로 절제, 신중함을 요구하는 것이다.

그런데 하나님은 그렇게 중요한 선악과라면 왜 하와가 손을 뻗으면 닿는 곳에 놓아 둔 것일까? 또한 전지전능한 분이 하와가 금과를 먹을 거라는 걸 몰랐을까? 몰랐다면 전지전능한 완벽성이 성립되지 않는다.

하나님은 애초에 번성의 능력을 갖춘 인간을 빚을 때 인류의 번성도 염두에 두셨다. 누구나 물건을 만들 때 구체적으로 실물화 시키는 것까지 감안해서 디자인, 설계를 하게 마련인 것처럼 다양한 인간이 함께 살기 위해서는 서로가 지켜야 되는 규칙이 있어야 된다는 걸 알고 계셨다. 개인의 삶을 지키고 전체의 질서를 위해 해서는 안 되는 일은 서로가 지켜야 한다.

하나님은 하와에게 선택할 수 있는 자유의지를 먼저 주고 선악과를 먹지 말라고 하셨다. 하나님의 법규를 지킬 것인지 무시할 것인지는 본인의 선택이다. 결국 하와는 하나님의 법규를 어겼고, 그 죄는 아무 일도 없었다는 듯이 사라지지 않았다. 인류는 하와의 죄 때문에 감옥에 갇혔다.

그러나 구세주인 예수님이 이 땅에 오셔서 피 값으로 대속하셔서 감옥의 빗장을 열어 주셨다. 인간에게 자유를 주기위해 자신을 화목제물로 내어주셨다. 그러나 하나님을 믿는 사람들만이 아니라 모든 사람들이다. 다만 현실은 예수님을 통해 자신이 죄에서 구원받았다는 사실을 받아들이는 사람이 있고, 말도 안 되는 소리라며 일축하고 무시하는 사람이 있을 뿐이다.

하나님은 모세를 통해 노예였던 이스라엘 백성을 출애굽 시킬 때 유대민족뿐만이 아니라 이방인도 함께 출발한 것과 같다. 가리지 않고 이끌고 나왔다. 하지만 많은 사람들이 광야에서 하나님을 믿지도 않고, 모세도 따르지 않았으며, 우상 숭배를 했다. 오늘날의 현실도 그 때와 같다.

출애굽은 인간을 원죄에서 해방시켜준 예수님의 구원의 상징이기도 하다. 유대민족의 목적지인 가나안 땅에는 믿음을 잃지 않은 사람들만 들어간 것처럼 현재도 예수님이 구원자라는 걸 인정하는 사람만 천국으로 들어 갈 수 있다는 게 복음의 팩트다.

## 불교

불교는 부처님을 믿고 따르는 종교가 아니다. 부처님이 나의 생사여탈권을 쥐고 있지 않다. 스스로 부처가 되기 위해 정진하는 진리다.

미로처럼 끝이 없는 윤회의 세계에서는 인간이란 어디에서부터 시작됐는지 알 필요도 없고, 주변의 인생까지 책임지고 연관성을 따져보는 것도 의미가 없다.

그러나 자신이 어떻게 사느냐는 중요하다. 삼생에 영향을 미치기 때문이다. 과거에 의해 지금 내가 있듯이 현재의 모습에 따라 미래가 결정된다.

현재의 삶이 힘겹고 무거우면 업을 소멸시키기 위해 전력을 쏟아야하고, 행복하고 평안하면 잘 지켜야 하는 것이다.

본래 사바세계란 탐(貪)진(瞋)치(癡)의 삼독 번뇌가 있는 곳이다. 탐욕이 생기고 화를 내며, 때로는 어리석어 실수와 잘못을 한다. 하지만 부처님은 말씀하셨다.

악을 버리시오.
그대들에게 악을 버리는 게 불가능하다면
그렇게 하라고 요구하지 않았을 것이오.

선을 닦으시오.
그대들에게 선의 행위가 불가능하다면
요구하지 않았을 것이오.
− 불교 포커스 −

선의 결핍은 저절로 채워지는 것이 아니라 애쓰는 노력에 의해서다. 자신의 마음 모양은 의지에 의해 변모가 가능하다는 뜻이기에 자신의 모든 모습은 자기 책임인 것이다.

그래서 부처님이 말씀하시길 사람은 똑같은 자궁에서 태어났기에 어떤 자궁이 고귀하고 천한 것이 없다고 했다. 자신이 잘못 사는 건 부모 때문도 아니고 환경 탓이 아니라 오직 스스로의 선택이라는 뜻이다.

악업을 짓는 데는 귀천의 차별 때문이 아니라 자신의 의지이기에 탐, 진, 치의 삼독을 잘 다스리지 못하면 끝도 없는 미로의 세계에서 스스로 천한 처지를 만든다.

# 08 / 이혼을 반복 했을지라도

## 기독교

예수님은 길을 떠나 갈릴리로 가던 중 사마리아 지방을 통과하게 되었다. 본래 유대인들은 사마리아인들을 상종하지 않았다. 빙 둘러 갈지라도 그 곳을 거치는 걸 꺼려했다.

유대인들이 사마리아인들은 싫어하는 이유는 앗수르에게 정복당했기 때문이다. 앗수르는 군사력은 우수했지만 잔혹했다. 주변 국가들은 말만 들어도 간담이 서늘할 정도로 잔인한 민족이었다. 그런 앗수르인들이 사마리아를 정복해 뒤섞여 살다보니 혼혈인들이 태어났다. 믿음의 순수성을 잃어 버렸기 때문에 유대인들은 그들을 무시하고 천시했던 것이다.

그러나 예수님은 그곳으로 들어갔다. 수가라라는 마을을 지나면서 우물을 깃는 여인을 만났다. 예수님은 여인에게 말했다.

"이 우물을 마시는 사람은 또다시 목마르지만 내가 주는 물을 마시는 사람은 영원히 목마르지 않을 것이다."

여인은 빈정거리듯 말했다.

"그런 물이 어디 있습니까? 있으면 저도 주세요."

여인은 예수님의 복장을 보고 적대 관계에 있는 유대인인 것을 알고 비아냥댄 것이다. 유대인은 흰색 옷을 입었기에 말투와 복장에서 표시가 났다.

여인이 무시하듯 말했지만 예수님은 개의치 않고 진지하게 말했다.

" 당신의 남편을 데리고 오면 신비의 물에 대해서 말해 주겠소."

"나는 남편이 없습니다."

"옳도다. 당신은 남편이 다섯이나 있었지만 지금 있는 남편은 동거인이니 남편이 없다는 말이 맞도다."

여인은 깜짝 놀랐다. 예수님이 자신의 지난날의 행적을 모두 알고 있었기 때문이다.

오늘 날 자유분방한 미국사회에서도 여러 번 이혼과 재혼의 반복은 좋은 이미지를 주지 않는다. 그 시대에는 더욱 도덕적으로 방종한 이미지였다. 사마리아 여인은 사람들을 피하고 싶어 일부러 우물가에 아무도 없는 시간대에 나왔다.

여인은 예수님이 자기의 내면을 꿰뚫어 보는 데에도 놀랐지만 자기 민족을 무시하는 다른 유대인들과 달리 온화한 말투에서 긴장감을 풀었다.

여인은 지금까지 사람의 사랑을 갈구했지만 실망의 연속이었다. 그럼에도 여전히 정신적인 허기를 채우지 못해 남자가 떠나면 또 새로운 남자를 만났다. 현재 남자도 앞으로 어떻게 될지 몰라 동거 형태에 있었던 것이다. 안정감이 없었던 여인은 예수님의 진솔한 말투와 진심이 담긴 표정으로 영원히 목마르지 않는 생수가 있다는 말에 솔깃했다. 고분한 표정으로 예수님의 말을 진지하게 듣던 여인은 어느새 마음속에 예수님의 빛이 투영되었다.

그 후 여인은 마을로 돌아가 예수님의 복음을 외쳤다. 삶의 허전함을 남자에게서 채우려고 했던 여인은 삶의 희망을 예수님에게 두자 기쁨이 차올라 혼자만 품고 있을 수가 없었다. 늘 어두운 얼굴로 자신들을 피해 다니던 여인의 표정이 환해지고, 말에 힘이 넘치며, 행동이 변화되는 모습을 보면서 마을 사람들은 복음을 받아들이게 되었다.

어둠 속에 있던 여인의 가슴 속에 복음의 폭죽이 터져 일신의 광명으로 반짝거릴 뿐 아니라 모든 사람들에게 새로운 희망을 갖고 살아 갈 수 있도록 진리의 전령사가 된 것이다.

빛의 속성은 불에 들어가도 타지 않는 것처럼 분노, 화, 빈정거림의 어두운 영혼을 만나도 여전히 환하게 비춘다. 세상의 빛이신 예수님은 이혼을 다섯 번 한 여인일지라도 귀한 생명으로 애정을 품었다.

누구나 지난날 어떻게 살았는지는 중요하지 않다. 지금이 중요하다. 새롭게 변화되려는 의지와 노력에 따라 하나님이 어느 순간 어떻게 사용하실지 아무도 모른다.

# 불교

중국 왕사성이라는 동네에 연화색녀라는 여인이 살았다. 그녀는 결혼을 해서 딸을 낳았다. 그런데 어느 날 남편이 친정 엄마와 간통하는 걸 목격했다. 그녀는 어린 딸을 두고 집을 나왔다.

혼자 살던 중 한 남자를 만나게 되었다. 남자는 전국을 다니며 장사를 하는 사람이었다. 그 남자와 또 결혼을 했다.

하루는 남편이 장사를 하러 왕사성을 가게 되었다. 그곳에서 아내를 닮은 소녀를 만났다. 첫 눈에 반한 소녀를 남편은 첩으로 삼기로 했다. 소녀의 아버지에게 돈을 줄테니 딸을 팔라고 했다. 아버지에게 소녀를 산 남편은 집으로 데리고 왔다. 연화색녀는 그 첩을 보는 순간 절망했다. 소녀는 연화색녀가 두고 온 딸이었기 때문이다. 어쩔 수 없이 연화색녀는 또다시 집을 나올 수밖에 없었다.

그 후 연화색녀는 매춘부가 되었다. 그녀는 처량하고 비참한 인생을 다스리려고 공원을 거닐었다. 어느 날 그 곳에서 부처님 제자인 대목련을 만났다. 대목련은 그녀의 복잡하고 불행한 이야기를 들었다. 과거도 불행하고 현재도 오물처럼 살아가는 그녀를 대목련은 돕고 싶었다.

"잔인한 인과의 고리를 이 세상에서 끊어야 더 이상 비참한 인연을 만나지 않습니다."

연화색녀는 그 말을 새겨듣고 매춘부의 생활을 청산하고 비구니가 되었다. 그녀는 다른 비구니들과 남달랐다. 매번 집을 뛰쳐나오고, 타락한 죄악 속에서 살던 자신의 비참한 과거를 되새기며 열심히 정진했기 때문에 뛰어났던 것이다. 그렇지만 혼자 수행만 열심히 한다고 악연으로 맺어졌던 고리가 저절로 끊어지는 건 아니었다. 수행은 더 이상 악업을 쌓지는 않지만 엮인 고리를 소멸하는 것은 아닌 것이다.

사람과 엮인 고리는 사람 속으로 들어가서 풀어야 끊어진다. 연화색녀는 누구에게든지 자비스런 말, 행동을 실천했다. 그러면서도 경을 읽고 수행에도 열심을 다했다.

# 09 / 숙명

## 기독교

부지런하다고 해서 부자가 되는 것도 아니고, 지혜롭고, 똑똑하다고 해서 돈을 잘 버는 것도 아니다. 오히려 사회에서 빛을 못보고 구석에 처박히는 인생도 있다. 운이 없어서인가? 능력의 문제인가? 기회를 놓치는 바보인가?

인간에게는 하나님이 허락한 분복이 있다. 세상을 사는 일이란 아무리 철저히 계획을 세워도 자기가 원하는 대로 이루어지는 것도 아니고, 발버둥 치며 안달해도 얻지 못하는 게 있다.

자신의 인생이니까 본인이 주관하는 것 같지만 우리의 인생의 큰 틀은 하나님이 주관하신다. 그렇기 때문에 무작정 덮어놓고 애쓰는 것보다 자신에 인생의 큰 그림을 먼저 살펴보는 것도 나쁘지 않다. 큰 그림이란 하나님과 자신의 언약을 들여다보는 일이다.

인간은 하나님 앞에서는 단독으로 설 수 없는 존재다. 개별이지만 전체에 연결되어 작용하는 것이다.

한대의 자동차가 완성되려면 바퀴, 본네트, 핸들, 나사 등등 부품이 서로 연결되어야 하는 것과 같다. 각각으로 구분되어 있지만 전체에 속해 있다. 그러나 각부품마다 물리적인 힘이 다르고 처지, 입장, 위치가 다르다.

바퀴는 탄탄하고 센 힘으로 전체를 떠받히고 있고, 본네트는 가장 높은 곳에서 지붕이 되어주고, 핸들은 좌우를 살피며 모두를 리드한다. 그러나 그 자동차에는 어두운 구석에 있는 나사도 있다. 나사는 서로 분리된 몸체를 이어주는 결정적인 역할을 하지만 존재감이 없다. 드러나지 않는 위치에 있기 때문이다.

나사 쪽에서 보면 억울할 수도 있다. 모든 조건이 약하고 불리하기 때문이다. 핸들은 추울 때는 난방이 되고, 더울 때는 에어컨이 있는 실내에서 사방을 둘러보는 여유가 느껴지고, 바퀴는 어디든 신나게 달릴 수 있어 멋지게 보인다.

하지만 하나님은 공평한 분이다. 어떤 모습이든 다 좋은 것도 아니고, 다 나쁘게 창조하지 않았다.

바퀴는 가고 싶은 곳은 어디든 갈 수 있고 매끄러운 아스팔트를 달려서 신나지만  매우 위험하고 험난한 곳에 노출 되어 있다. 자갈 길,

진흙투성이인 비포장 도로, 못, 깨진 유리, 동물의 사체도 밟고 지나가야 한다.

본네트는 가장 높은 위치에서 모든 것의 갑이 될 수 있는 힘은 가졌다. 하지만 강렬한 햇빛을 감당해야하고 거친 비바람도 견뎌야하는 시련이 있다.

핸들은 판단을 잘못해서 길을 잘못 들어서면 전체를 위험에 빠트리는 막중한 임무의 부담이 있는 것이다.

바퀴, 핸들, 본네트는 파도와 풍랑이 있는 바다와 같고 나사는 한적한 곳에 흐르는 시냇물과 같다.

바다같이 크고, 넓고, 근사하게 누릴 수 있는 조건이란 신나는 서핑보드를 즐기며 갖가지의 풍부한 어획의 기쁨이 있어 사는 맛이 있다. 그러나 발목까지 찰랑거리는 시냇물 같은 삶도 그에 못지않은 행복이 있다. 시냇물은 외부에서 태풍이 불어도 파도처럼 심하게 요동치지 않는다. 언제나 평화롭게 졸졸 흐른다. 뼈가 들여다보이는 투명한 버들치가 간지러움을 태워 웃음소리가 들리고, 귀를 즐겁게 하는 새소리가 있어 삶이 잔잔한 음악이다.

내 인생의 그림이 어떻게 그려졌는지 알면 행복을 찾는 일은 그다지 어렵지 않다.

## 불교

임진왜란 때 왕이 서산대사에게 의승병을 훈련시키는 직책을 맡겼다. 그런데 많은 훈련병이 먹을 양식이 늘 부족했다.

어느 날 서산대사는 제자인 사명대사에게 마을의 만석꾼에게 가서 몇 수레로 옮길 만큼의 공양미를 권선해 오라고 했다. 사명대사는 도저히 이해가 안 갔다. 이미 이름을 날린 스승인 서산대사가 가도 될까 말까한 일인데 무명인 자신에게 그런 엄청난 심부름을 시켜서이다. 서산대사는 우물쭈물하는 사명대사의 의중을 알고 함께 가자며 만석꾼 집으로 향했다.

서산대사는 만석꾼에게 공양미를 부탁했다. 그러나 만석꾼은 일언지하에 거절했다.

"스님들이 직접 농사를 지어 수고를 해서 먹어야지 어찌 거저 얻으려는 것이오."

오히려 핀잔만 듣고 빈손으로 돌아왔다.

이튼 날 서산대사는 사명대사에게 그 집에 다시 가서 공양미를 부탁하라고 했다. 사명대사는 말도 안 된다는 듯이 놀라서 쳐다보자 서산대사는 너에게는 줄 것이라고 했다. 이해가 되지 않았지만 스승님의 명령을 따르는 심정으로 어쩔 수 없이 갔다.

사명대사는 만석꾼에게 가서 쭈뼛거리며 기어들어가는 목소리로 공양미를 부탁했다. 그런데 놀라운 일이 벌어졌다. 만석꾼은 흔쾌히 창고 문을 열겠다고 했다.

사명대사는 공양미를 얻어 오면서 연신 고개를 갸웃거렸다. 도대체 내가 얻어 올 것이라는 것을 스승님은 어떻게 안 것일까?

그날 저녁 사명대사는 서산대사에게 물었다.

"스승님 만석꾼이 스승님에게는 거절하고 나에게는 시주 할 것이라는 것을 어떻게 알았습니까?"

"사명아, 이 세상에서 일어나는 일은 전생의 결과다. 전생에도 너와

나는 동무였지. 나는 장난이 심해 막대기로 곤충 같은 생명을 때려 죽였단다. 그런데 너는 작은 미물도 불쌍히 여겨서 해치지 않았고, 죽은 것은 잘 가라고 인사를 건네며 묻어 주었단다. 그 생명 가운데 하나가 윤회를 거듭하여 지금의 만석꾼이 되었지. 그 인연으로 그 만석꾼은 너에게는 따뜻한 후원을 해주지만 나는 외면한 것이다. 어떤 생명이든 보잘 것 없다고 함부로 하면 언젠가는 내가 하찮은 취급을 당하는 것이다."

부처님은 36살 때 전생을 넘나드는 천안이 열렸다. 수만 겁의 생애동안 자신이 어떻게 살았는지를 기억하고 중생들이 어떻게 사라지고 다시 오는지를 보았다.

우리나라에서는 천안의 능력을 가진 분이 서산대사였던 것이다. 자신의 과거를 알고 있었기에 만석꾼의 힘을 빌릴 수 있는 사명대사를 내세웠다.


## 무신론

삶의 지혜는 이 세상에는 아무리 노력해도 안 되는 것이 있다는 것을 아는 것이다. 삶의 질은 본인이 정할 수 있지만 모양은 마음대로 안 된다. 자기가 얻고 싶고, 갖고 싶고, 되고 싶은 게 있다고 해서 아무리 애써도 안 되는 것은 안 된다. 인생의 비밀을 깨달으면 적어도 남을 따라 가다가 지치지도 않고 남과 비교해서 우울감에 빠지지 않는다.

사람은 태어날 때부터 각자 물리적인 그릇은 다르게 갖고 태어난다. 쌀 한말을 담을 수 자루가 있고, 한가마니를 담을 수 있는 포대가 있는 것이다. 그런데 한 말을 담을 수 있는 자루에 쌀 한가마니를 담겠다고 쑤셔 넣으면 자루는 터지게 마련이다. 진흙바닥에 쏟아진 쌀은 버릴 수밖에 없고, 마른 땅에 쏟아져도 돌과 흙을 골라내다보면 원래의 양이 되지 못한다.

돈을 벌어보겠다고 욕심을 부리면 자칫 있는 것마저 잃는다. 부동산이나 주식에 투자하면 떨어져 원금상환이 어렵고, 사람을 잘못 만나 사기를 당해 잃는다.

인생의 고수란 사회적인 명성을 얻은 사람도 아니고 부자도 아니다. 자신에 인생의 흐름의 줄기를 잘 타는 사람이다. 급류를 만나도 승부에 도전하는 래프팅 선수처럼 물줄기를 타고 자유롭게 노는 사람이다. 자기 처지와 분수에 맞게 소비하면서 성실히 사는 사람은 삶의 균형이 무너지지 않는다. 안달하지 않는 느긋함이 삶 속에 배어있어 늘 자유롭고 평화롭다.


독립운동의 선봉장 백범 김구는 절망할 만큼 관상이 좋지 못했다. 관상은 그 사람이 타고난 재수, 운명을 판단하는 종합적인 점법이다. 4살 때 천연두를 앓아 피부도 좋지 않아서인지 인상이 어두운 이미지였다.

김구는 17세에 과거시험에 응시했지만 낙방했다. 그 시대는 매관매직이 판을 쳐서 사전에 합격자가 정해져 있어 실력은 상관없었다. 김구는 부패한 세태를 느끼자 자구책으로 관상, 풍수를 공부했다. 자신의 관상을 보니 좋지 못했던 것이다. 낙담을 하고 실의에 빠져 있었다.

어느 날 당나라의 마의 선사가 쓴 '마의 성서'를 읽게 되었다.

상호불여신호(相好不如身好)

신호불여심호(身好不如心好)

얼굴 좋은 것이 몸이 좋은 것만 못하고

몸이 좋은 것이 마음 좋은 것만 못하다.


관상이 마음 좋음만 못하다는 내용을 보고 마음을 닦아 사람구실을
하겠다는 데에 목적을 두었다.

그 후 의병으로 활동을 하며 일본군과 싸웠다. 겨레의 아픔, 슬픔, 정
의감, 담대함, 용감성으로 종횡무진 활동했다.

하지만 김구는 운명을 바꾼 게 아니다. 목표를 정해서 삶의 방향을 바
꾸었다. 남의 주머니에 있는 백만 원도 빼앗으려면 힘든데 잃은 나라를
되찾겠다는 뚝심이 평화롭고 순조로웠겠는가. 목숨이 위태롭고, 먹고,
자는 것까지도 긴장하는 삶이었다. 결코 편안하고 휴식이 없는 삶이었다.
끝내 안두희가 쏜 총 네발을 맞고 돌아가셨다.

좋은 관상, 복 있는 운명이란 호의, 호식으로 누리는 삶, 부, 사회적
인 명성, 제 수명을 다하는 자연사를 의미한다. 그러나 김구는 삶의 의미,
가치, 성취감에 뜻을 두었다. 무엇보다 시대의 흐름을 읽을 줄 아는 안목
이 있었지만 자신의 처지, 기질, 성향을 잘 알고 위대한 생애를 사셨다.

# 10 / 타종교를 비웃기 전에

## 기독교

처음 교회를 다니게 되는 이유와 동기는 다양하다. 모태신앙, 주변 권유, 영업목적, 힘든 일이 생겼을 때 의지의 대상을 찾아 자발적일 수도 있고, 철학적인 사유를 통해 진리를 발견했을 수도 있다.

믿음을 선택할 때 절박한 사정이 생겨 어디 의지할 곳이 필요해 교회를 갈 수도 있다는 점이다. 감당하기에 벅찬 문제에 맞닥뜨리면 좌절감, 절망감을 느낀다. 주변을 둘러봐도 도움을 청할 곳이 없고 막막하면 자살을 생각하기도 한다. 그 순간 마지막으로 신에게 매달려 보고 싶다는 생각을 하는 것이다.

괴롭고 절박한 위기에서 누군가 어떤 방법으로든 도와준다면 어떤 마음이 드는가? 앞이 보이지 않는 캄캄한 동굴에서 빛을 만난 것이고, 낭떠러지에 떨어져 올라오지 못할 때 밧줄을 내려준 것이고, 지쳐서 쓰러졌을 때 일으켜 세워준 손길이며, 발목을 다쳤을 때 부축해주는 어깨인 것이다.

믿음의 신비는 초신자가 부르짖는 기도응답은 빠르게 나타난다는 점이다. 하나님이 그 기도를 들었다는 걸 알게 하기 위해서 문제를 해결해주실 때가 많다. 인간의 지능으로 판단할 때는 사면초가에 갇혔지만 위로 길이 열리는 경험을 하게 되는 것이다.

다양한 은혜를 경험한 사람들이 모인 곳이 교회다. 그들은 감동의 구원자를 잊을 수가 없다. 그러다보니 길거리에서, 남의 집 벨을 누르며 적극적으로 나서서 오직 예수님만 믿어야 구원을 받을 수 있다고 외친다. 자신이 삶에 지쳐 죽을 것 같았을 때 구해준 능력자를 알고 있기에 소개하고 싶어 가만히 있을 수 없는 것이다.

외부에서 보면 자기 것만 옳다고 주장하는 모습이 편협 되고 이기적으로 보인다. 하지만 함께 잘 살고 싶은 사람에 대한 애정인 것이고, 자신이 믿는 종교의 전통에서 최소의 가치, 예의를 실천하는 정신이다. 내 아버지는 이 세상에 한분밖에 없다고 말하는 자식의 상식적인 입장이다. 생물적인 아버지가 둘인 사람은 없듯이 믿음의 대상도 하나라는 표현이다.

이 세상에서 살아가는 방법은 다양하다. 어떤 형태로 살든 자유다. 위기에서 벗어나 새로운 소망과 희망으로 살아가도록 도와준 종교를 믿는 것도 선택이다. 그런데 절망감으로 힘들어 할 때 도와주지도 않았으면서 비난할 필요는 없다.

타종교를 비웃는 건 도와주지는 못할망정 밟고 지나가는 행위다. 논리를 따지며 비난하기보다 침묵이 예의다.

기독교는 많은 사람들의 순교가 바탕으로 지켜 나온 종교다. 스테판 집사의 순교를 시작으로 전 세계적으로 헤아릴 수 없이 많은 사람들이 종교적 신념으로 목숨을 잃었다. 예수님 12제자들도 요한만 제외하고 십자가에 매달렸고, 돌에 맞아 죽었고, 창에 찔려 순교했다. 요한은 예수님이 육신의 어머니를 부탁했기 때문에 유일하게 오래 살았다. 백발이 되도록 예수님 어머니를 봉양했고, 하나님의 계시를 받아 요한계시록을 기록했다.

제자들만이 아니라 세계 곳곳에서 믿음을 지키기 위해 신념을 버리지 않은 사람들이 많다. 한 예로 깊은 우물이라는 뜻을 가진 데린쿠유라는 지하세계가 있었다. 햇빛도 공기도 없는 곳에 환기구 구멍만 만들어 사람들이 살았다. 상상만으로도 질식할 만큼 비참하고 답답함이 느껴진다.

그들은 돈이 없어서도 아니고, 땅이 없어서도 아니고, 배우지 못해 사회를 발전시키는 능력이 없어서도 아니다. 기독교를 박해하는 정부를 피해 숨어 산 것이다. 환경은 비참했지만 종교 신념에 힘을 얻고 살았던 것이다. 굶주리며 죽어가도 신앙을 포기 할 수 없었다.

그 힘의 비밀은 믿음을 가진 사람만이 느낄 수 있다. 믿음이란 말로 표현 할 수 없는 그 무엇인가가 있기 때문이다.

우리나라에도 1898년에 백홍준을 이어 대원군의 쇄국정치 때문에 수만 명이 순교했다. 등에 피가 철철 흐르도록 채찍질을 당했고, 굶어서 죽어갔다. 그럼에도 끝까지 신앙의 본질의 실천으로 한센병 환자들과 거지와 창녀들을 끌어안고 돌보면서 사회적 사랑을 펼쳤다.

숭고한 신념을 지키려고 죽음을 불사한 그들을 누가 헛된 개죽음이라고 비웃을 수 있으며, 사회가 외면하는 약자들을 끌어안는 정신과 힘을 어리석다고 누가 평가 할 수 있다는 것인가? 자신의 신념에 성실한 사람들을 비웃는 것은 종교를 떠나 사람으로서 사람을 대하는 기본예의는 아닌 것이다.

타종교를 동의하고, 인정하며, 받아들여서 믿지 않을 수 있다. 그러나 상대를 비난하는 마음 자체는 기독교의 사랑도 아니며, 불교의 자비도 아니고, 생명의 존중심도 아니다.

## 불교

대만에 '자제공덕회'라는 불교 단체가 있다. 그 단체는 자기나라 안의 어려움만 챙기지 않는다. 세계 곳곳에서 재난이 생길 때 필요한 도구를 챙겨 그 곳에 가장 빨리 나타난다. 쓰나미든 대형 참사든 도움이 절실한 곳에 가장 먼저 도착해서 생명을 구하고, 파괴된 현장을 복구하고, 절망에 빠진 사람들을 위로하다가 맨 나중에 빠진다.

공동체의 자금으로 음식, 잠자리를 해주고 사찰이든, 교회든 파괴 된 건물을 지어주거나 복구해 주는 것이다. 부처님의 자비를 경계 없이 베푸는 행동의 전사들인 것이다.

종교적 삶이란 생활에 녹아 있어야 생명이다. 진리의 신념, 지식, 논리, 원리가 아무리 훌륭해도 머릿속에 저장만 되어 있으면 무용지물이다. 그들은 세상을 밝히려고 횃불을 들고 수고하는 사람들이다.

그 종교에 동의하고 믿지 않아도 생명을 구하고 돕는 실천은 고결한 일이다. 종교적 잣대는 내려놓고 호응해주고 박수를 쳐주어야 한다.

## 무신론

인생의 어두운 동굴을 만났을 때 끝이 있다는 것을 아는 사람과 모르는 사람은 적응력이 다르다. 끝이 있다고 생각하는 사람은 어떤 어려움이 생겨도 극복한다. 그러나 언제 어둠이 끝날지 모르는 사람은 막연함으로 지레 지쳐서 포기하기 쉽다.

인간이란 유리처럼 깨지기 쉬운 약한 존재다. 누군가에게 거슬리는 말 한마디를 들어도 잠 못 이루고 신경 쓴다. 연약한 자신만을 믿고 험한 세상을 살아가기 때문에 스트레스가 많고 긴장한다. 내면 깊숙한 곳의 불안을 잊으려고 술, 돈에 집착, 유흥, 사람에게 애착을 가져 상처를 받기도 한다.

종교를 갖는다는 건 낯선 길을 떠날 때 네비게이션를 따라 가는 것과 같다.

누구나 인생길은 연습 없이 한 번도 가보지 않은 초행길이다. 아무리 똑똑하고 돈이 많아도 지도가 없으면 낯선 길에서 헤맬 수 있다. 본래 인간이란 약하고 부족하기 때문에 약함을 인정하고 무언가를 의지하는 게 부끄러운 일은 아니다.

# 11 / 무엇을 붙잡고 사는가

## 기독교

조상으로부터 이어져 부모님을 통해 몸이 이 세상에 태어난 건 확실하다. 그렇지만 조상이 내 인생의 근원은 아니다.

인간의 몸이란 비물질인 영(靈), 혼(魂)을 감싸고 있는 껍데기다. 껍데기에서 주체성의 근원을 찾을 수는 없다. 그렇다고 몸이 가치가 없다는 뜻은 아니다. 죽는 날까지 몸을 잘 보존해야 함께 사는 영, 혼이 건강할 수 있다.

혼이란 인간에게도 있지만 동물에게도 있다. 동물도 감정, 생각, 지각이 있다. 눈치가 있고, 슬퍼할 줄 알고, 자기 새끼를 사랑할 줄 알기 때문이다.

그러나 영이란 인간에게만 있다. 하나님을 인식하는 잠재력이다. 인간은 하나님과 교통하는 영역이 있어 초월하는 무언가를 갈망하는 마음이 일어나 믿음의 대상을 찾는다. 동물들은 영이 없기 때문에 무언가를 믿고 숭배하지 않는다.

인간을 인간답게 이끌어내는 실체는 몸이 아니라 보이지 않고, 만져지지 않는 영이다. 영(靈)이란 정신의 근원적 관념이다. 정신은 몸과 동거하지만 완전히 다른 성질이다.

몸은 단단한 것도 부스러뜨리는 치아, 몇 십 킬로를 항상 들고 있는 튼튼한 발, 쇠파이프 안에 있는 물도 얼게 하는 맹추위에도 얼어터지지 않는 강인한 피부, 서로 치고 박고 싸워도 웬만해서 파열되지 않는 강한 내부 장기를 갖고 있다. 그러나 정신은 누가 조금만 기분 나쁜 말을 해도 밤잠을 설칠 만큼 약하고 예민하다. 그렇지만 정신은 강인하고 단단한 몸을 지배하고 움직이게 하는 능력이 있다.

몸은 부모님을 통해 받았지만 정신적인 영은 하나님이 불어 넣으셨다. 땅에 씨앗을 심으면 싹이 나듯 하나님의 자각이 깃든 생명을 우리 몸에 심었다. 생명의 돌기가 있는 영의 싹이 성장하면서 해바라기처럼 하나님을 바라보며 살아가도록 지어졌다는 의미다.

하나님은 지구를 채울 사람숫자가 필요해서 생명이 깃든 씨앗을 한 줌 쥐고 지구 밭에 무작위로 뿌린 게 아니다. 농부가 씨앗을 심을 때 나올 확률을 따져 한 구멍에 여러 개를 심는 것처럼 싹이 날 놈은 나고 죽을 놈은 죽어도 상관이 없는 창조가 아니라 한 사람 한 사람 환경, 외모, 성격, 성향, 기질을 다르게 손수 개성 있게 빚었다. 그렇기 때문에 지구에는 똑같은 사람이 없다.

**여호와께서 태에서부터 나를 부르셨고 내 어머니의 복중에서부터**
**내 이름을 기억하셨으며**
**(이사야 49:1)**

하나님이 인간의 몸과 영을 분리시킨 것은 죽으면 몸은 흙이 되고, 영(ruach)은 영생을 해야 되기 때문이다. 그래서 몸은 아무리 대단한 지위를 갖추고 멋지게 생겨도 죽으면 한줌의 흙이 되는 허망함을 주지시켰다.

중국 만리장성을 완성시킨 진시황은 불로불사를 염원하며 불로초를 구해 먹었다. 갖가지 방법을 동원하며 영원불멸하리라 외쳤지만 고작 만 49세에 죽어 땅에 묻혔다. 몸이 사는 일에 집착, 헛된 욕심, 탐욕보다 영혼을 맑고 아름답게 가꾸는 게 중요하다는 의미다.

인간은 이 세상에 잠시 머물다가 몸은 죽어서 흙이 되고 영은 본향으로 돌아가는 존재다.

## 불교

부처님은 태어나면서 천상천하 유아독존이라고 외쳤다. 이 말은 자기가 이 세상에서 제일 귀하고 으뜸이라는 뜻이 아니라 하나밖에 없는 소중한 존재라는 의미다. 그러나 부처님은 자신을 소중하게 여기는 자의식이 있는 반면 사람들의 인생살이에서 근심, 걱정, 질병, 고통이 반복되는 모습을 보며 의문을 품었다.

도대체 인생이 무엇이기에 저토록 비참한 것인가? 왜 인간은 힘들어 하면서도 헤어날 길을 찾지 않는 것일까?

부처님은 스스로 인생의 고달픈 실체의 원인과 제거법을 찾기 위해 출가를 했다. 결국 부처님은 수행 끝에 육바라밀을 닦아 보리심을 길러야 성불할 수 있다는 진리를 깨달았다.

육바라밀은 보시를 하고, 계율을 잘 지키고, 사람들에게 너그러우며, 열심히 생활하고, 바른 마음을 갖는 일이다. 남에게도 잘하고, 자신도 맑고 깨끗하게 지켜내는 것이다.

부처님이 천상천하 유아독존이라고 외친 것처럼 자기중심적인 자기애가 아니라 자신을 소중히 여길 줄 알면서 타인에게도 자기와 같이 지켜주려는 마음이다. 안팎이 온전한 일치를 이루는 것이 성불이다.

## 무신론

부모에 의해 한 생명이 잉태된다.

**'난자와 정자의 결합의 정혈이 육신이 되고 피가 돌아 생명이 되는 것이다.'**
**혼불— 최명희**

인간의 생명의 비밀은 운동성 있는 난자라는 특정한 물질이 정자에게 신호를 보내면 결합하여 적당한 온도에서 목숨이 돋아나는 것이다. 그 목숨을 감싸고 사람의 형체가 만들어진다.

인간이란 난자와 정자가 우연히 만나 몸이 만들어 졌기에 의미가 없는 유한한 존재일지도 모른다. 물이 온도에 의해 기화되어 물방울이라는 형체가 만들어지지만 햇빛이 솟으면 사라지는 것처럼 사람도 죽으면 그냥 사라지는 단멸적 목숨이다.

그러나 짚어 볼 점은 일회성 생명은 보존의 인식이 없다. 그래서 후손들은 증조할아버지, 고조할아버지의 존함도 모르고 산다. 언젠가는 나 자신도 흔적도 남지 않는 허망함의 존재이다.

인생이란 짧다면 짧고 길다면 길다. 아마도 길다고 느끼는 사람은 삶의 고달픔으로 인해 하루가 백일 같을지도 모른다. 하지만 인생이 짧든 길든 한번 뿐이기에 잘 살아내는 건 중요하다. 잘 산다는 건 어떤 상황에서도 잘 이겨내고 행복을 찾는 일일 것이다. 그러기 위해서는 무언가 붙잡고 가야 하는 끈이 필요하다. 꿈이든, 희망이든, 종교든.


'캐스트어웨이'라는 영화가 있다.

택배회사 직원인 주인공이 경비행기로 물건을 배송하다가 무인도에 추락한다. 주인공은 생존과의 사투로 하루하루가 힘겨웠다. 그렇지만 꿈이 있었다. 사랑하는 아내에게 돌아가는 것이었다.

주인공은 섬에서 탈출을 하기위해 뗏목을 만든다. 드디어 완성된 뗏목을 바다에 띄웠다. 바다위에서 표류가 되지만 지나가는 배에 의해 구조된다.

그러나 죽음을 무릅쓰고 집으로 돌아왔지만 사랑하는 아내는 그곳에 없었다. 재혼을 해버린 것이다.

주인공은 갈 곳이 없어졌다.

영화의 마지막 장면은 꿈, 희망, 도전이 사라진 주인공이 낯선 사거리 길 위에 서있다. 더 이상 무엇을 향해 나아갈 곳이 사라졌기 때문에 몸이 움직이지 못했다.

주인공은 몸이 살기 위해 어디론가 가서 취직을 해야 빵을 얻을 수 있다는 걸 몰라서 꼼짝을 못하는 게 아니다. 마음의 길을 잃어서 몸이 사는 길도 잃었다. 마음의 길을 잃으면 몸도 소경이나 다름없다.

# 3부

# 신의 가족사진에는
# 누가 찍혀 있을까

# 01 / 천국으로 간 아이들

**기독교**

"엄마, 나 천국에서 누나 봤어요."

네 살 된 콜튼의 말에 엄마는 화들짝 놀란다. 엄마는 언젠가부터 어
린 아들이 하는 말을 흘러듣지 못했다. 아이의 말이어도 무시하지 않고
진지하게 들었다.

"그 누나 이름은 뭐야?"

"이름이 없대요."

"왜?"

"엄마 뱃속에 있을 때 죽어서 이름이 없대요."

"그 누나는 어떻게 만났어?"

"그누나가 먼저 내게 다가왔어요. 그리고 내 친누나라고 말했어요."

엄마는 신음했다.

'그 아이가 여자아이였구나.'

엄마는 첫아이를 임신 중에 낙태 했었다. 하지만 그 사실을 남편과 둘이서만 알고 누구에게도 말한 적이 없었다.

콜튼이 병원에서 전신마취하고 위독한 수술을 하고 난 후부터 이상한 말을 하기 시작했다. 천국을 다녀왔다고 했다. 엄마는 처음에 콜튼이 꿈을 꾸고 한 말이라고 생각했다. 그런데 콜튼이 수술 중에 의사들이 주고 받았던 말들과 그 시각에 엄마 아빠가 어디서 무엇을 하고 있었는지를 알고 있었다. 콜튼이 주술 중이었기 때문에 도저히 알 수 없는 일을 본 듯이 말한 것이다. 그때 콜튼에게 엄마가 물었다.

"애야 그때는 네가 수술 중이었는데 어떻게 알았니?"

"천국에 가기 전에 공중에서 다 내려다 봤어요."

이 대화는 실제로 천국에 갔다 왔다는 아이 얘기를 쓴 '3분'이라는 책 내용이다.

책 내용을 실화처럼 믿지 않는다고 할지라도 천국에 아이들이 있다면 어떤 아이들일까? 라는 궁금함은 스친다.

분명한 건 정말 천국에 아이들이 있다면 그 아이들은 모두 이 세상에서 짧은 생애를 살다가 갔다는 점이다. 세상의 관점으로 보면 하나같이 불행한 생명들인 것이다. 어린 나이에 불치병, 사고사, 생명으로 잉태 되었지만 부모들의 욕정과 이기심으로 희생된 낙태아, 부모에게 학대당해 목숨을 잃은 아이들이다.

항간에는 예수님을 믿는다는 고백이 없으면 아이여도 천국으로 갈 수 없다고 말하는 이도 있다. 자기 선택의 의지가 없는 태아, 유아들은 부모님의 신앙에 따라 태아세례, 유아세례를 받아야 구원이 된다는 뜻이다.

그런 논리대로라면 부모가 없는 고아, 무신론자, 부모가 예수님을 믿지 않고 다른 종교를 갖고 있다면 모두 지옥에 갔다는 의미다.

하지만 어떤 아이든 지옥에 갔다는 말은 하나님의 섭리에 어긋나는 말이다. 고아는 구원해 줄 부모가 없기 때문이다. 공평한 기회도 주지 않고 처벌만 한다는 건 평등한 진리가 아니다.

무수히 잘못을 저지르는 어른들도 구원시키기 위해 죽을 때까지 기회를 주시는 분이 하나님이다. 죄 투성이 어른들에게는 너그러우면서 고백할 의지도 없는 어린 생명이 제 수명을 다하지 못하고 죽었는데 어떻게 지옥으로 보낼 수 있다는 말인가? 하나님은 무자비한 분이 아니다.

아이들은 엄마 뱃속에 있을 때부터 하나님의 거룩한 뜻을 품은 존재다. 부모자식간의 관계이전에 먼저 하나님과 연결되어 있다는 의미다. 그래서 자식을 부모의 소유라고 하지 않는다.

하나님이 아이를 잘 돌보라고 부모에게 맡겼더니 낙태로 죽임을 당해 되돌아오고, 어른들의 부주의로 교통사고를 당하고, 학대와 매질을 견디다 목숨을 잃고, 질병으로 신음하다가 온 어린 영혼들은 심판대에 올려놓지 않는다. 무조건 하나님의 두 팔 안에 품어 안으신다. 아이들은 예수님의 무릎에 앉아 어른들에게 당한 설움을 위로받으며 하늘의 가족이 되는 것이다.

하지만 아이들은 천국으로 갔어도 하나님은 부모에게는 죄를 묻겠다고 하셨다. 예기치 않는 사고사와 질병이 걸려 생명을 잃은 경우는 모르지만 어린 생명에게 밥을 굶기고, 매질을 해대고, 아파서 신음하는데 방치하고, 세상의 빛도 보지 못하게 생명을 경시한 죄는 엄중하게 책임을 묻겠다고 하신 것이다.

그러나 기독교는 회개를 통해 용서를 받는 종교다. 진심으로 잘못을 뉘우치면 새롭게 출발할 수 있는 기회를 준다. 부모가 용서를 받을 수 있다는 것 자체가 아이들이 모두 천국으로 갔다는 증거이다.

하나님이 부모의 잘못을 용서하겠다는 건 아이들이 모두 천국에서 잘 놀고, 잘 먹고, 잘 있기 때문에 가능하다. 만약에 지옥에 간 아이들이 있다면 그의 부모도 용서를 하면 안 되는 것이다. 아이들은 죽여서 지옥에 보내놓고 부모는 회개한다고 천국으로 간다면 하나님은 공정하신 분이 아니다. 하나님은 부모가 회개하고 천국으로 가서 자신들이 함부로 한 자녀에게 직접 용서를 빌어 완전한 자유함을 얻기를 바라신다.

비록 어린 영혼들이 세상에서는 버림받고, 힘들었어도 죽어서는 하나님의 품에 안겨 있기에 죄를 지은 부모도 천국에 갈 수 있는 기회를 얻을 수 있는 것이다.

죽은 아이들은 모두 천국에 가 있기 때문에 지옥에는 아이들이 없다. 그래서 지옥도의 그림 속에도 아이가 없는 것이다.


## 불교

삼천년 전에 세존께서는 유산의 과보를 설했다. 죄업 가운데 씻을 수 없는 것이 있으니 그 중에 하나가 태아를 죽인 죄라고 했다. 햇빛도 못 보고 죽임을 당한 태아는 억울해서 부모를 원망하며 허공을 떠돌고 있기 때문이다.

누구에게 잉태되든 생명은 위대하다. 완전한 몸의 형태도 이루어지지 못한 생명을 낙태한 사람들은 그 책임을 져야하기 때문에 죄라고 명명했다.

부처님의 십대제자인 마하 목갈라나는 뛰어난 신통력을 지녔다. 타인의 과거를 알 수 있는 숙명통, 다른 이의 마음을 알 수 있는 타심통, 사람들의 미래를 예견하는 천안통이다. 어느 날 목갈라나는 탁발을 나갔다.

목갈라나가 어느 곳에 이르렀을 때 어떤 모습이 보였다. 온 몸에는 가죽이 없고 살점의 덩어리가 보였다가 사라졌다. 신통력이 뛰어난 목랄라나는 그 존재가 무엇인지 알아챘다. 그런데 왜 그렇게 해괴한 몰골이 되었는지 원인은 알지 못했다.

목랄라나는 죽림정사로 돌아와 부처님께 여쭤봤다.

"그 중생은 태내에 수태된 생명을 떨어뜨렸다. 그 죄로 말미암아 그는 지옥에 떨어져 고통을 받고 있는 중이다." - 잡아함 19권 512경(타태경)

낙태를 한 죄과로 다음 생에서 자신도 낙태의 과보를 받고 있어 액체 덩어리가 된 것이다. 하지만 태아를 죽인 죄를 지었다고 해도 과보에서 벗어 날 길은 있다. 진정으로 참회하고 태아의 영혼을 위해 천도 공양하면 죄업이 소멸되고 이고득락(離苦得樂)이 된다. 낙태자인 부모는 죄업을 참회하고 괴로움에서 벗어나 평화로움을 되찾을 수 있고, 낙태아도 전생과 금생의 나쁜 인연에서 벗어나 하루빨리 좋은 몸을 받아 태어나길 소망한다는 의미다.

불교에서는 낙태된 아이가 부모에게 원한과 괴로움으로 구천을 헤매고 있기 때문에 극락왕생을 위해 태아령 천도제를 지낸다.

# 02 / 부자가
# 지옥에 가는 이유

## 기독교

속절없이 걷는 게 인생이다. 앞에 무슨 일이 기다리고 있는지 알 수 없고, 인생이 언제 끝날지도 모르기 때문이다. 그러나 미지의 미래를 향해 나아갈 때는 만반의 준비가 되어 있으면 훨씬 수월하다. 어려운 일이 생겨도 순간 당황은 하겠지만 빠르고 가볍게 해결하며 나아갈 수 있다.

현실적으로 가장 든든하고 큰 힘이 되는 도구는 물질이다. 세상에는 돈으로 해결 할 수 없는 일도 있지만 대부분의 문제는 완만하게 넘어 갈 수 있게 한다. 또한 사람들에게 대접도 받고 능력을 인정받아 으쓱해지는 기분도 나쁘지 않다. 그렇기 때문에 사람들은 돈을 추구한다.

하지만 이 세상에는 공짜가 없다. 이 말은 중국의 사자성어중 음마투전(飲馬投錢)에서 유래된 말이지만 기독교에도 적용 된다.

음마투전이란 말을 데리고 가던 선비가 강에 이르러 말에게 물을 먹이고 강물에 돈을 던졌다는 은유다. 주인이 없는 강물이어도 거저먹지 않겠다는 선비의 고고한 자세를 말하는 것처럼 기독교인들은 돈을 자기 것처럼 쓰면 안 되는 게 마땅한 예절이다. 돈의 주인은 하나님이기 때문이다.

성경에 구체적으로 이름을 거명하며 비유되는 두 사람이 있다. 거지 나사로와 부자다. 나사로는 부잣집 문 앞에서 버려진 음식물로 살았다. 아파서 일을 할 수도 없었고 돌봐주는 이도 없었다. 거리를 떠돌며 살다 보니 몸은 헌데 투성이었다. 개가 와서 몸을 핥아도 제지할 기운이 없어 개의 혀에 몸을 맡기며 비참한 생활을 했다.

부자는 자기 대문 밖에 있는 나사로에게 일체 관심이 없었다. 자기만 항상 화려한 옷에 매일 좋은 음식을 먹으며 호화롭게 살았다.

그러다가 나사로는 차가운 길바닥에서 널브러진 채 죽었고, 부자는 따뜻한 아랫목에서 죽었다.

죽은 후에 나사로는 천사들에게 받들려 천국에 있는 아브라함 품에 안기고, 부자는 음부에 떨어졌다. 음부란 악인이 형벌을 받는 장소다.

부자는 고통 중에 저 멀리 아브라함 품에서 평안하게 있는 나사로를 보았다. 부자는 아브라함을 불러서 부탁했다.

내 형제 다섯이 있으니 그들에게 증언하게 하여
그들이 이 고통 받는 곳에 오지 않게 하소서 (눅 16:28)


부자는 죽어서야 지옥이 있다는 걸 알고 형제들이라도 구원받아 천국으로 가게하고 싶었다.

그런데 부자는 왜 음부에 간 것일까? 가진 게 많으니까 잘 먹고, 잘 입고, 편하게 산 게 죄라는 말인가? 주제와 분수에 넘치는 짓을 한 게 아니다. 자신의 처지에 맞게 산 건 비난받을 일은 아니지 않는가. 부모에게 재산을 많이 물려받았다면 개인적으로 복이 많은 것이고, 스스로 벌었다면 능력이 우수하거나 부지런히 노력한 결과일 것이다.

부자인 게 죄라면 부모가 재산을 물려 줘도 거부하고, 돈 버는 재주도 썩혀두고, 노력도 하지 말아야 한다. 게으른 게 미덕이고 선이라는 뜻일까?

미국 소설가 마크 트웨인이 한 말이 있다.


**인간에게는 인생의 중요한 이틀이 있다. 첫 번째는 태어난 날이고,**
**두 번째는 내가 세상에 왜 태어났는지 이유를 알게 되는 날이다.**
– 마크 트웨인 –


인간의 의미는 세상에 무언가 할 일이 있어서 하나님이 창조했다는 걸 깨달아야 한다는 뜻이다. 젊은 나이에 깨달을수록 효과적이겠지만 늦어도 상관은 없다. 깨닫는 순간부터 진정으로 노력하는 게 의미가 깊다. 반짝거리는 작은 보석을 품고 있어도 보물함이다. 귀한 걸 품고 있는 생명은 음부에 떨어지는 일은 피할 수 있는 것이다.

위험한 건 천국과 지옥이 있는지 없는지 죽어서 알면 부자처럼 이미 늦다는 사실이다. 천국에 가기 위해서는 그 나라의 주인인 하나님의 뜻을 헤아려야 한다.

부자란 하나님이 사회 발전을 돕고, 생명을 살리고, 배고픈 자는 먹이라고 재무를 맡겼다는 사실을 깨닫고 실천해야 한다. 천국에는 공짜로 가는 게 아니다.

버려진 음식이란 쓰레기다. 나사로가 길바닥에서 몸이 아파 신음하며 쓰레기를 주워 먹었다는 뜻은 먹을 수 없는 음식으로 연명했다는 의미다.

부자가 배고픈 사람을 돕고 질병을 치료해준다는 의미는 단지 거지한 사람에게 선심을 쓰는 일이 아니다. 거지가 잘 먹고 질병도 치료해서 회복이 되면 어떤 작용이 나타나는지 알 수 없다. 사회를 환하게 밝히고 발전시키는 능력자일 수도 있기 때문에 한 생명의 미래를 보살펴주는 일은 전체에 영향을 주는 일이기도 하다.

한 사람 한 사람이 건강해야만 각자가 갖고 있는 능력이 보태져 사회가 힘차게 돌아간다. 부자가 하나님 뜻에 합당하게 돈을 사용한다는 뜻은 세상에 희망을 주고 기회를 부여하는 일이다.

부자가 지옥에 간 것은 나사로를 외면했다는 한가지만의 이유가 아니라 많은 의미가 내포되어있다. 하나님의 돈을 착복했고, 인색, 욕심, 게으름, 탐욕, 무책임, 인정머리도 없었던 것이다.

이 세상에서 물질의 혜택을 받았다면 축복이다. 하지만 편안하고 신나게 누리는 만큼 대가를 치르는 게 하나님의 법칙이다.

# 불교

부를 가진 사람은 외모까지 좋을 확률이 높다. 재물이 많으면 배우자를 선택하는 폭이 넓기 때문이다. 저절로 멋지고 좋은 배우자를 만나면 유전자가 후손으로 이어지면서 귀족으로 거듭나는 것이다.

가난한 이들은 자기 수준에 맞는 사람과 결혼하므로 저절로 유전자가 이어져 하층 계급으로 전락한다. 그러나 재물과 배우자의 멋진 외모를 만나는 건 우연이 아니기 때문에 불만을 가지기보다 진중하게 자신을 들여다 볼 필요가 있다.

이 세상에 생명으로 태어난다는 건 아무 것도 없는데서 불쑥 생긴 게 아니다. 과거의 원인에 근거해 태어났다.

강에서 올라간 수증기가 증층부에서 뭉쳐져 구름이 되고, 무거우면 아래로 떨어지는 비와 같다. 그 비는 땅속으로 스며들어 다시 강물이 되고 안개가 되는 것처럼 순환과정이 생명의 법칙이다. 애초에 비가 아무 것도 없는데서 생뚱맞게 나타난 게 아닌 것처럼 인간의 생명도 연속성인 존재다.

그러나 나무는 나무일뿐이지 물이 되지 않는다. 불에 태워져도 재가 되어 거름이 되는 것이지 물이 되지 않는 것처럼 현재의 자신의 모습은 근거 있는 결과다. 비참하다면 그 이유가 있을 것이고, 멋지다면 좋은 유전자를 받을 만 한 이유가 있다는 뜻이다.

부자가 혼자서만 누리고 산다고 해도 가난한 자는 비난할 수가 없다. 좋은 혜택이 주어진 것은 자신이 쌓은 덕의 대가를 받은 것이기 때문이다. 자기는 굶어 죽을 지경인데 부자는 흥청망청 한다고 해도 가난한 사람은 욕할 게 아니다. 오히려 자신이 과거에 대해 반성 할 일이다. 금생에서 또다시 미움, 질투, 시기는 자칫 구업을 지을 수 있기 때문이 덕이 되지 않는다.

불교는 인도의 힌두교를 바탕으로 세워졌다. 힌두교는 수많은 신을 섬기고 카스트제도와 윤회를 믿는 종교다. 그러나 부처님은 사람을 계급으로 나누어 평가하는 카스트 제도는 인정하지 않았다. 하지만 윤회는 받아들였다. 현재 자신의 삶이 비참하다면 다음생애에는 좋은 기약을 품으며 마음을 잘 다스려야 한다는 점에서는 공통분모다.

부자는 현재의 모습에 만족하며 자기 마음대로 사는 건 자유다. 하지만 현재의 모습이 내세까지 보장 되는 건 아니다. 구름이 모습이 바뀌어 비가 되고 다시 강물이 되듯 고정되어 있는 게 아니라 변하는 것과 같다.

창고에 가득 채워진 곡식을 혼자 먹다가 남으면 좀이 쓸고 곰팡이가 생기기 마련이다. 이 세상에 쓰레기를 만들어 놓는 일이다. 어쩌면 미래는 청소부가 되어야 할지도 모른다. 자신이 버린 쓰레기는 본인이 치워야 되는 것이 불교의 법칙이기 때문이다.


## 무신론

가난의 이유는 여러 가지다. 부모로부터 대물림일 수도 있고, 자신의 실수와 잘못으로 재산을 잃을 수도 있고, 무능력해서다.

그렇지만 세상에는 노력을 해도 안되는 게 있다. 그 가운데 하나가 물질이다. 본래 재복은 타고나는 것이다. 밥그릇 크기로 태어났는데 노력한다고 커다란 함지박으로 늘어나지 않는다는 뜻이다. 노력이 무의하다는 말을 하려는 게 아니다. 삶의 기준을 어디에 두고 사느냐가 중요하다는 뜻이다.

부자와 가난이란 돈이 많고 적음이 아니라 욕심에 비례한다. 돈이 없어도 자족하고 자신을 잘 컨트롤하면 어떤 누구도 부럽지도 않고 마음이 평화로울 수 있다.

때로는 부자도 불쌍할 만큼 가난해 보이는 사람이 있다. 돈이 많아도 부족함을 느끼며 더욱더 채우려고 하는 만큼 빈곤한 것이 가난이기 때문이다.

노력해도 안 되는 게 돈이라면 삶의 초점을 재물에 두기보다 방향을 바꿔보는 것도 나쁘지 않다.


시골에 울타리 없는 농가 한 채가 있다. 오래된 집이어서 지붕과 벽은 색이바래 초라하다.

그 집에는 할아버지가 살고 있다. 할아버지는 젊었을 때 막노동을 하다가 허리를 다쳐 등이 구부정했다. 장애자로 도시 속에서 살다보니 소외감이 느껴져 시골로 들어왔다.

시골이어도 도시에서처럼 늘 혼자인 건 마찬가지였지만 돈 벌이는 있었다. 이웃에 농사일을 거들어 주고 품삯을 받았다. 넉넉하지는 못해도 생계유지는 됐다. 그러나 나이가 들자 거동이 자유롭지 못해 그나마 품팔이도 어렵게 되었다. 당장 끼니걱정을 해야 했다.

평소 공짜를 싫어했지만 어쩔 수 없이 기초생활 수급자가 되었다. 그러나 할아버지는 나라에서 도움을 받는 대신 무언가 사회를 위한 일을 하고 싶었다.

어느 날부터 외로워 보이고 궁핍해 보이는 할아버지 집 마당 평상에는 동네 사람들이 모여 들었다. 밭일을 하다가 힘들 때도 할아버지네 집 평상에 와서 휴식을 취했고, 길을 지나가던 행인도 걸음을 멈추고 관심을 가졌다.

그 이유는 할아버지의 집이 꽃 궁전 같았기 때문이다. 할아버지 손에는 늘 꽃삽과 물뿌리개가 들려있었다. 큰 길에서 할아버지 집으로 들어오는 길가에 피어 있는 갖가지의 꽃을 가꾸기 위해서다. 꽃길은 할아버지의 집 마당까지 이어져있고 집은 꽃 궁전을 방불케 했다.

매일 할아버지는 아침에 눈을 뜨면 꽃을 정성스럽게 가꾸었다. 할아버지의 손길이 닿은 갖가지 꽃잎들은 유난히 색이 선명하게 빛났고, 고운자태로 하늘거렸다. 멀리서 보면 일렁이는 총천연색의 꽃물결이 썰물처럼 다가오는 듯했다.

길을 지나가던 사람들은 매혹적인 꽃길을 그냥 지나치지 못했다. 할아버지 마당까지 이어진 꽃길을 따라 들어왔다. 모두 설렘, 기쁨으로 꽃에 코를 들이대는 감성가가 되어 할아버지 솜씨를 칭찬하며 감탄했다. 할아버지는 사람들의 반응을 보며 흐뭇한 미소를 지었다.

할아버지는 사회에도 도움이 되고, 자신이 할 수 있는 소일거리를 찾은 것이다. 평소 꽃을 좋아해서 꽃 가꾸는데 관심을 가졌다. 좋아하는 일을 하다 보니 능률적이었다. 결과는 본인도 행복했고 주변도 즐거워했다.

몇 년을 즐겁게 일을 하자 할아버지 집 마당 평상 둘레는 꽃 병풍이 둘러쳐졌다. 동네 사람들은 맛있는 음식이 있으면 싸들고 평상으로 모여 들었던 것이다. 그곳에는 수런거리는 사람들의 이야기꽃까지 피어났다.

물질의 복은 노력한다고 크게 변동되지는 않는다. 하지만 근면, 성실하게 살면 소박하고 안정된 삶은 유지 될 수 있다. 그러나 가난한데 다 노력도 하지 않으면 그 사람의 인생에 그림은 더욱 칙칙하고 어두워지는 건 자동적이다. 결과적으로는 낡고 초라한 집은 비가 새고, 쥐도 드나들게 마련이고, 마당에는 잡초가 가득해져 스스로 폐가에 갇히는 것이나 다름없다.

자전거타고 비포장도로를 달리는 인생이 자동차 타는 인생을 부러워해서 따라가려고 할 필요 없다. 숨이 차도록 페달을 밟으면 자기 발만 부르트고 지친다. 자동차 타는 인생이 비행기 타는 인생이 부러워 쳐다보면 자기목만 아픈 것이다.

인생이란 자기 방식에 맞게 사는 게 안성맞춤이다. 자전거 타고 달리다가 힘들면 길 한 귀퉁이에 세워놓고 쉬었다가 가면 될 일이다.

# 03 / 영적인 사람이란

## 기독교

영성적 안목이 깊은 사람이라고 해서 사회적으로 명예가 있고, 똑똑하고, 학력이 높고, 영적리더인 것만은 아니다. 평범하고 드러나지 않는 사람인 경우도 있다.

예수님이 태어났을 시기에 시므온과 아셀지파 바누엘의 딸 안나가 있었다. 안나는 마리아가 아기 예수님을 안고 성전에 들어서는 순간 구세주임을 알아봤다.

시므온은 성경에 누구인지 정확하게 나와 있지 않다. 그러나 아셀지파인 안나는 야곱의 후손이다. 그녀는 결혼해서 7년 후 남편과 사별했다.

오늘날에도 과부는 재산이 많으면 모를까 대체로 경제적으로 어렵다. 정부에서 생활비, 교육비를 지원해 주어도 그다지 넉넉하지 못하다.

그 당시는 정부 보조금도 없을 뿐더러 여자가 할 수 있는 일이 없어 안나는 생활이 무척 궁핍했다. 그럼에도 늘 성전에 나와 기도하며 봉사했다. 지독하게 가난했지만 하나님이 보호해준다는 믿음을 잃지 않은 것이다.

세월이 흘러 안나는 80세가 넘은 할머니가 되었다. 어느 날 요셉과 마리아가 아기 예수님을 안고 성전에 온 것이다. 예수님의 공생애는 30세가 되면서부터 능력을 펼쳤기 때문에 아기 때에는 평범한 갓난아기에 불과했다. 그러나 안나는 아기 예수님을 보는 순간 구세주임을 알아 본 것이다.

더구나 요셉과 마리아는 초라한 행색이었다. 눈을 끌어 당기고 주목받을 만한 어떤 모습도 아니었다. 요셉과 마리아는 첫 태생인 자녀를 하나님께 드리기 위해 성전에 오기도 했지만 산모인 마리아의 정결 예식을 하기 위해서 왔다.

그 당시 율법은 자녀를 낳은 산모는 누구든지 부정한 자로 규정해 40일이 지나서 정결예식을 치러야 성전 출입이 자유로웠다. 또한 예식을 치르기 위해서는 예물이 필요했다. 어린양 한 마리와 비둘기 한 마리를 속죄물로 드려야 했다. 그러나 요셉과 마리아는 예식의 예물을 갖추지 못할 만큼 가난해서 비둘기 한 마리만 들고 왔다.

안나는 뜻 깊은 의미의 기본적인 예물도 마련하지 못할 만큼 초라한 마리아가 안고 있는 아기에게서 어떻게 빛나는 거룩함을 느꼈던 것일까? 안나는 늘 기도와 묵상으로 하나님과 진심된 소통을 했기에 누구보다 영의 세계를 보는 눈이 밝았다. 주님의 뜻과 계획을 알고 있었기 때문에 아기 예수님에게 영성의 빛을 읽은 것이다. 안나는 구세주임을 알고 있는 것에 그치지 않고 하나님의 뜻을 실현시키기 위해서 자신이 무엇을 해야 되는지를 자각했다. 사람들에게 구세주가 오셨음을 알렸다.

그 무렵 유대인들은 타락했고, 애굽의 정치 상황도 불안정했었다. 자칫 말을 잘못했다가 어떻게 될지 예측할 수 없었다. 매우 위험한 상황에서 구세주가 왔다고 말을 한다는 건 쉽지 않는 일이었다. 판을 뒤집을 만큼 중요하고 큰일이었기에 확신이 없으면 결코 입 밖으로 꺼낼 수 없는 말인 것이다.

프랑스 이비인후과 의사인 알프레드 토마스는 사람은 귀로 들을 수 있는 것만 목에서 소리를 낼 수 있다고 했다. 그래서 청각 장애인은 듣지 못하기 때문에 발성도 못 배워 말도 못하는 경우가 많은 것이다.

늘 깨어 기도하며 묵상하는 사람은 하나님의 세미한 음성을 들을 수 있기에 영성적으로 깊고 높다. 복음의 본질을 깨달으면 아는 만큼 실천할 수밖에 없고, 외부를 향해 전할 수밖에 없는 것이다.

안나는 제사장도 아니었고, 사회적으로도 드러나지 않는 초라한 노파였다. 그러나 누구보다 영적인 안목이 뛰어났기에 용기를 내어 진실을 외칠 줄도 알았다. 그 당시 미래가 불안해하는 사람들에게 구세주가 오셨음을 알려서 희망을 갖게 한 것이다.


포도나무의 중심요소는 보랏빛의 통통한 열매, 위용을 자랑하는 넓적한 잎, 사방으로 뻗어나가는 가지다. 그러나 포도나무는 세 가지만으로 구성 되어 있는 게 아니다. 드러나지 않는 옹이가 있다. 보이지 않지만 포도나무에게 없어서는 안 될 중요한 역할을 한다.

옹이는 가지와 가지 사이를 튼튼하게 이어준다. 옹이가 있으므로 가지가 튼튼하게 뻗어 나갈 수 있고 열매와 잎이 수북하게 달릴 수 있다. 크고, 화려하고, 멋진 것에 가려져 보이지 않지만 가지와 가지의 교차점에서 서로를 단단하게 받치고 있는 게 옹이인 것이다. 옹이가 받치고 있지 못한 가지는 약해서 열매, 잎을 풍성하게 달고 있지 못한다.

안나는 옹이처럼 무성한 잎, 풍성한 열매, 쭉쭉 뻗은 가지에 묻혀 드러나지 않았지만 자신이 하나님에게 어떤 존재인지를 분명하게 인식하고 있었기에 소명을 다했다.

## 불교

누군가 작은 담배가게 주인에게 말했다.

"당신은 늙은 가난뱅이처럼 보입니다."

"그렇게 보이십니까? 하지만 나는 부자는 아니지만 가난뱅이도 아닙니다. 그저 나 자신일 뿐입니다."

담배 가게 주인은 인도 성자 니가르가닷타 마하라지다. 마하라지는 가난한 집안에서 태어나 배우지도 못했고, 잎담배를 말아 팔며 겨우 생계를 유지하는 사람이다. 하지만 부처님이 깨달은 이치를 현실 속에서 구현하는 명상 수행가다.

수행가는 일반 사람들과 다르게 보이고 무언가 신비로운 기운이 감돈다. 성스러운 삶을 살기 때문에 자연스럽게 우러나오는 아우라가 남다른 것이다. 그렇지만 마하라지를 그냥 작은 가게에서 담배 파는 초라한 노인으로 보는 사람도 있다. 하지만 프로는 프로를 알아본다는 말이 있다. 영적인 사람을 알아보는 능력은 영적인 눈이 밝은 사람이어야 느낄 수 있다. 마하라지가 누구보다 세상과 삶과 인간을 꿰뚫어 보는 안목을 갖고 있다는 것을 느끼는 사람이란 영적인 것에 관심이 있다는 뜻일 것이다. 그쪽으로 마음과 눈이 향해 있기에 찾을 수 있고 느낄 수 있는 것이다.

마하라지는 2층 작은 작은 다락방에 깨달음을 배우고자 찾아오는 사람들에게 말한다.

부처님의 가르침을 주의 깊게 듣고 생각하며 있는 그대로를 바라보는 훈련을 하라고. 그 훈련을 통해 고통이라는 형상은 일시적인 것이고 무의미하니 붙잡고 있지 말라고 한다.

눈에 보이는 현상은 일시적으로 나타나는 것일 뿐 실재는 아무 것도 없으니 붙잡고 있지 말라고 한 것이다. 형상으로 지속되는 것은 심적인 구성물에 지나지 않기 때문에 이 세상에서 무엇을 하든 차이가 없다는 뜻이다.

모든 것은 내 마음 안에 있는 것이기에 외부의 형상에 마음을 빼앗겨 평안을 잃지 않도록 하라는 가르침을 준다.

마하라지가 세상의 한 귀퉁이에서 수행의 가르침을 전하고, 또다시 깨달음을 얻은 사람들에 의해 부처님의 진리가 퍼졌다.

# 04 / 회개기도의 진실

## 기독교

인간은 완전하지 않기 때문에 누구나 실수와 잘못을 하면서 산다. 하나님도 인간의 나약함, 부족함을 알기 때문에 관용적이다. 무슨 죄를 지어도 진심으로 뉘우치고 회개하면 용서해 주신다고 하셨다.

하지만 회개란 새롭게 변화되는 기회를 준다는 뜻이지 무조건 용서한다는 의미는 아니다. 회개하고 돌아서서 똑같은 잘못을 반복적으로 저지르면 신뢰감이 느껴지지 않기 때문이다.

세상의 엄중한 헌법이어도 가벼운 경범죄는 후회하고 반성하는 자세에 따라 선처를 해 줄 수도 있다. 하지만 포악무도한 무거운 죄를 짓고 간

단한 말 한마디로 용서를 받는 다면 위험한 일이다. 말과 행동의 불일치의 이중성은 사회질서와 정서를 무너뜨린다. 죄질이 나빠 긴 형량을 받은 죄수여도 잘못을 뉘우치며 모범수가 되면 가석방이 이루어지는 것처럼 진정으로 회개하는 사람은 새로운 변모가 나타나야 인정을 받는다.

직장도 없고 술주정뱅이인 백수건달인 남편이 있다. 아내가 남의 식당에서 일을 해서 생활비를 번다. 그런데 아내는 저녁에 지쳐서 집에 돌아오면 더 힘든 일이 기다리고 있다.

남편이 거의 매일 술을 마시고 있기 때문이다. 아내는 그 꼴이 보기 싫어 아무 말을 안 하면 사람취급 안한다고 트집을 잡고, 그만 마시라고하면 잔소리한다고 핏대를 올리며 폭언을 퍼붓는다. 혐오스러운 욕지거리에 한마디라도 대꾸하면 소주병은 방바닥에 내던져지고 김치 접시는 공중으로 날아가 벽에 부딪친다. 순식간에 바닥에는 유리파편이 흩어지고 벽에는 김칫국물이 흘러내린다.

아내는 낙담, 절망의 표정으로 걸레를 가지고 와 바닥을 훔치고 벽을 닦는다. 자식이 유리조각을 밟아 다칠까 염려가 되어서다.

어느 날 아내는 정신이 말짱한 남편에게 애원했다.

"제발 이제는 술 좀 그만 마셔! 그리고 나가서 돈 좀 벌어와. 이렇게는 더 이상 못살겠어."

남편은 고개를 떨어뜨리며 말했다.

"미안해. 이제는 정말 술도 끊고 취직자리도 알아볼게. 한번만 용서해줘."

아내는 남편이 순순히 말하며 노력하겠다는 말이 고마웠다.

그러나 남편은 말 뿐이었다. 거의 매일 마시던 술을 일주일에 한 번으로 횟수는 줄었지만 여전히 술이 들어가면 폭언을 퍼붓고, 바닥에는 유리파편이 흩어지고, 벽에는 김칫국물이 흘러내렸다.

이튿 날이면 술이 깬 남편은 또다시 아내에게 미안하다고 사과를 했다. 그렇지만 반성과 의지 없는 행동이 반복 됐다. 아내는 남편이 죄인처럼 두 손을 싹싹 빌 때마다 자식들 때문에 또다시 기회를 주곤 했다. 그러나 시간이 흘러도 남편의 주사는 변함이 없었다. 아내는 지쳤다. 결국 자식들 손을 잡고 남편 곁을 떠났다.

진정한 회개란 술 마시고 주사의 횟수만 줄이는 게 아니라 새로운 변모가 나타나야 한다. 지금까지 가장으로서 무책임했지만 취직을 해 보려는 의지가 나타나야하고, 힘든 일을 하는 아내를 위해 청소, 빨래, 물만 붓고 소금 넣으면 요리가 되는 콩나물국이라도 끓여 놓으며 집안일을 거들어야 한다.

단지 술 마시는 횟수만 줄어든 건 가족의 관계를 회복하는데 도움이 안 된다. 어쩌다 한번 술 마시고 주정부리는 행동은 여전히 칼집에서 칼을 빼어들어 휘두르며 가족들을 공포, 불안감을 주는 건 마찬가지다. 그 순간마다 아내는 지옥 같은 악몽이 되살아나기 때문이다.

본래 열매란 금방 열리고 익는 것이 아니듯이 하루아침에 달라 질 수는 없다. 하지만 당장 취직을 못해도 괜찮고, 술을 딱 끊지 못할 수도 있다. 그러나 저녁에 지쳐서 돌아오는 아내와 가족을 위해 애쓰는 새로운 변화가 나타나야 한다. 지금까지 말라비틀어졌던 나무였어도 새로운 변모의 꽃이 피어야 열매를 기대하며 기다려 줄 수 있는 것이다.

남편이 단지 술 마시는 횟수만 줄었다는 건 사기꾼이 열 번 남의 등

처 먹다가 다섯 번으로 줄어든 것에 불과하다. 한 번의 사기로도 감방에 가고 사기꾼 소리를 듣는 건 마찬가지다. 진정성 없는 회개란 사기 치는 횟수만 줄어 든 사기꾼과 같다. 피해자의 인생은 지옥에 빠트려놓고 자기는 감방에서 죄 값 치르고 출소해서 사기 쳐서 꿍쳐 놓은 돈으로 잘 사는 사기꾼과 다를바가 무엇이겠는가? 여전히 상대에게 피해를 입히고 있는 건 마찬가지인데.

사기꾼의 진정한 회개란 횟수만 줄이는 게 아니라 피해자에게 용서를 빌며 뺏은 건 돌려주어야 회개가 완성되는 것이다. 남편은 자신의 악습도 줄이려고 노력하는 반면 아내의 수고를 덜어주려고 애쓰는 마음이 나타나야 희망을 느낀다.

하나님이 원하는 회개기도는 완벽하기를 바라시는 게 아니라 새로운 기회의 의미다. 나쁜 건 근절하고 좋은 것으로 채워 나가는 성장이다.


## 불교

성불하기 위해서 피해야 될 악업의 요소가 있다. 주지 않는 것을 몰래 가지는 부당한 착취, 그릇된 성관계로 세상의 질서를 흩트리는 짓, 탐욕으로 희생자와 피해자가 생기게 하는 일 등이다.

살아있는 생명에게 억울하게 슬픈 눈물 흘리게 하고 숨통 조이는 행동은 영혼의 올가미다.

부처님은 이러한 마음과 행실을 가지고 염불하고 삼천배 하는 것에 일갈했다. 무겁고 단단한 거북이 등껍질처럼 업장을 만드는 일이라고 했다.

온 몸을 바닥에 엎드리며 삼천배를 하는 것은 아상(我相)을 뽑기 위해서고, 염불을 하는 것은 현세에도 잘 살기를 바라며, 업장을 녹이고, 견성하기 위해 하는 것이다. 그런데 밖에 나가서는 악업을 쌓고 안에 들어와서는 소망의 기원은 부질없다는 뜻이다.

거북이의 비유는 많은 것을 상징한다. 등에 딱딱하고 무거운 짐이 얹혀 있으면 목을 똑바로 들고 다닐 수 없을 만큼 부끄러운 삶의 의미다.

인생이 너무나 힘들어서 빨리 죽고 싶어도 죽을 수 없는 게 인간의 목숨이다. 더구나 수명까지 길면 외로움과 고통을 오래 겪어야 한다. 그 무게를 그대로 지고 미지의 세계로 떠나게 되는 것이기 때문에 부처님은 악업의 요소를 경계하라고 하신 것이다.


## 무신론

누구나 항상 착하지도 않고 악하지도 않다. 마냥 순하고 착했던 사람이 어느 순간에 상상하지 못했던 뜻밖의 모습이 나타나서 당황스럽게 하기도 한다.

선한 사람도 어느 한 부분에서는 악한구석이 보이기도 하고, 악한 사람도 다 못 돼먹은 건 아니다. 어느 한쪽이 너무 많으면 무의식적으로 표출되는 확률이 높을 뿐 인간은 누구나 장단점을 갖고 있다. 그렇기 때문에 겉모습으로 누가 선하다 악하다의 단정은 위험하다.

나하고 친하다고 해서 좋은 사람이겠는가? 나에게 잘한다고 해서 선한 사람이겠는가?

하지만 무턱대고 사람을 믿기보다 살펴보면서 서서히 다가갈 필요는 있다. 사람은 자신에게 유익이 되고 목적이 있으면 얼마든지 가면을 쓸수 있기 때문이다. 사기꾼은 상대를 속이기 위해 뛰어난 말솜씨와 후덕한 인정을 베풀어 좋은 사람이라는 평가를 듣는다. 안심하고 마음 문을 열어 주면 들어와서 재산을 빼앗아 달아난다.

그러나 사람이 사람을 속일 수는 있어도 우주의 흐름은 거짓이 통하지 않는다. 자석에 쇠가 붙는 것처럼 거짓은 거짓끼리, 진실은 진실끼리 끌어당기는 자력이 있다. 긍정은 긍정의 기운이 달라붙고, 부정은 어둠의 요소가 붙는다. 긍정은 상승작용을 일으키지만 부정은 부작용으로 나타난다. 자신이 한 행위의 인과응보는 자연법칙이기 때문이다.

# 05 / 죽으면 어떻게 될까

### 기독교

우리나라 전체 인구가운데 천주교, 개신교, 불교, 모든 종교인 숫자는 55%다. 그러나 세계적으로 종교인 숫자 통계는 85%다. 이 말은 모든 종교는 내세관이 있기 때문에 85%는 죽으면 끝이 아니라고 생각한다는 뜻이다.

사후세계가 있는지 없는지 확실하게 말 할 수 있는 사람은 없다. 그러나 종교의 유무와 상관없이 사람이 사망 후 어떤 현상이 일어나는지 연구한 팀이 있었다. 뉴욕대학교 샘 파니아(sam parnia)교수 연구팀이다.

그 연구에 따르면 시한부 환자의 생명장치를 제거했더니 몸은 죽어도 정신은 살아 있었다고 했다. 맥박이 멈추고 동공이 움직이지 않는 사망 상태지만 수면중인 사람처럼 뇌의 파장인 델타파가 지속되었던 것이다.

가끔 임사체험자들의 공통적인 기억들과 일치한다. 죽으면 몸에서 영혼이 빠져 나가 유체이탈을 하며 자신이 죽었다는 사실도 안다고 했다. 몸은 죽었지만 정신은 여전히 활동하고 있는 것이다. 하지만 의학적 기구로 측정되지 않는 의식 세계가 있다는 뜻이지만 일부학자는 자각몽, 환각이라고 말하기도 한다.

중요한 건 분명한 결론이 나지 않는 쟁점은 막무가내로 무시하기보다 염두에 두고 사는 것도 나쁘지 않다. 막상 죽었을 때 사후세계가 있다면 어떻게 할 것인가? 밑져봐야 본전인 것이다. 만일을 대비해 보험을 들어 놓는 것처럼 준비를 해 두면 든든하다.

죽어서 사후세계의 실존에 맞닥뜨렸을 때 후회는 소용이 없다. 사후세계는 준비에 따라 달라지는 조건의 세계이기 때문이다.

종교를 갖는다는 건 사후세계의 준비를 돕는다. 낯선 길을 떠날 때 지도를 갖고 있는 것과 같고, 무엇을 갖춰야 되는지를 알게 한다. 지도가 없으면 헤맬 수도 있고, 제대로 갖추지 않으면 자격미달로 탈락 될 수도 있다.

종교를 갖는 이유가 죽음너머의 세계 때문만은 아니다. 먼저 이 세상에서 삶이 절실해서 잘살고 싶은 의지다. 인간의 삶이란 죽을 때까지 휴식이 거의 없다. 하나님을 믿는다고 해서 하늘에서 곡식이 내려와 편안하게 받아먹는 게 아니다. 부지런하게 일해야 먹고 산다. 또한 인생의 결말도 대부분 슬프게 끝난다.

살기위해 뼈빠지게 일을 하고, 사람관계에 스트레스 받다가 수명을 다해도 곱게 죽지도 못하는 게 인생이다. 잠자듯이 밤사이에 편안하게 죽는 경우는 드물기 때문이다. 늙어서 병들어 죽거나 교통사고를 당하거나 갖가지 질병으로 고통스러움을 겪거나 비참한 사고사로 대부분 끝을 맺는다.

예수님도 이 땅에 오신 목적이 인간의 복지를 위해 애쓰고 지상의 천국을 만들어 주겠다고 하지 않았다. 이세상의 삶이 전부가 아니라 천국이 있다는 걸 알려 주려고 오셨다.

그리스도를 믿는 사람은 죽으면 육신은 땅으로 가고 영혼은 낙원으로 간다. 하지만 믿음이 없는 영혼들은 음부(Hades)로 간다. 낙원이란 샘 파니아 교수팀이 몸이 죽어도 정신의 활동은 여전하다고 말한 것처럼 영혼이 의식이 있는 상태로 머무는 곳이다. 예수님도 십자가에서 우편의 강도가 믿음을 고백할 때 이렇게 말했다.

**내가 진실로 네게 이르노니 죽으면 나와 함께 낙원에 있으리라.**
**(누가복음 23:43)**

죽어서 낙원에 있다가 이 세상 마지막 날 예수님의 재림으로 살아 있는 자들과 더불어 최후의 심문이 이루어지고 심판을 받는다.

**주께서 호령과 천사장의 소리와 하나님의 나팔 소리로**
**친히 하늘로부터 강림하시리니 그리스도 안에서 죽은 자들이**

먼저 일어나고 그 후에는 살아있는 자들이 구름 속으로 끌어 올려
공중에서 주를 영접하리라
(데살로니가 전서 4:16-17)

이탈리아 시인이자 예언가인 단테는 '신곡'에서 영원의 세계를 표현
했다. 내세적 관념을 기독교적 입장에서 풀이한 것이며 지옥의 두려운
본질과 천국의 본질의 내용이다.

단테는 베르길리우스의 안내를 받으며 지옥을 여행한다. 자옥은 림
보라는 단순 지옥과 심층 지옥이 있다. 림보에는 그리스도 이전에 살았
던 선한 영혼들과 하나님을 믿지 않았지만 착하게 산 사람들이 머물러
있다. 그러나 심층지옥은 불륜, 오만, 살인, 폭력, 이단, 등 가중 되는 죄
에 따라 차등의 벌을 받고 있는 곳이다.

천국과 지옥에도 등급이 있는 것이다. 인간은 완전하지 않기 때문에
누구나 실수와 잘못을 하며 산다. 그러나 주님의 말씀에 순종하려고 애
쓰고 노력하는 자와 습관적이고 관념적으로 나태한 신앙생활은 차이가
있다. 사랑, 헌신, 박애, 겸손한 사람과 자기중심적인 사람이 같은 등급
을 받는다는 건 공평하지 않기 때문이다.

지옥에도 분류가 있다는 게 평등이다. 극악무도한 죄를 저질러 사회
를 불안하게 하거나, 가족이나 주변 사람들을 고통스럽고 피눈물 나게
하는 죄와, 사소한 죄의 무게가 같을 수는 없는 것이다.

## 불교

부처님은 말과 행동에 그림자를 만들지 말라고 했다. 죽을 때 동행

하는 것은 그림자뿐이기 때문이다. 그림자란 해를 가렸을 때 나타나는 것처럼 어둠의 상징이다. 이 세상에서 그릇된 말과 잘못된 행동은 어둠의 원인이 되어 다음 생에 이어지는 인연생기가 된다.

말과 행동이 상관관계에 놓여 원인으로 새로운 요소가 된다는 건 이 세상이 끝, 마지막, 소멸이 아니라는 뜻이다.

모든 것은 비유비무(非有非無)다. 실체는 없지만 다 작용이 있다. 나뭇잎이 떨어져서 거름이 된다. 모습은 바뀌지만 새로운 생명 속에 분명히 있기는 있는 것이다.

인간의 생명도 영계에서 고정 불멸하지 않고 업식에 의해 다른 형태로 변화되면서 반복된다. 그래서 부처님은 업을 짓지 않고 재생의식이 일어나지 않는 상락아정(常樂雅亭)을 깨달아 해탈에 이르라고 하셨다.

상-열반에 도달하면 영원히 변하지 않는다.
락-모든 괴로움에서 벗어난 즐거움을 느낀다.
아-헛된 나를 떠난 '참' 나는 다른 무엇에도 결박되지 않는다.
정- 더러움이 없고 언제나 청정하다.

이 세상이 다라면 스님들이 왜 그토록 혹독한 수행을 하는 것이겠는가? 이렇게 살든 저렇게 살든 죽으면 그만인 것을.


## 무신론

중국 사상가인 순자는 초월적인 신, 귀신, 조상의 영혼이 없다고 했다. 죽은 후의 존재성을 부정했다.

인도 자유사상가인 아치타 케사캄발린도 현세가 인생의 전부라고 했다. 인간은 땅, 물, 바람, 불의 원소로 구성되어 있을 뿐 죽은 후에는 모두가 자연이 된다는 입장에 섰다. 악한 행동을 해도 내세에 과보를 받는 일 따위는 없기에 쾌락주의였다.

과학적으로 증명되지 않는 사후세계가 있느냐 없느냐는 공허한 논제다. 하지만 나라는 존재를 무한의 존재로 볼 것인지 유한의 존재로 여길 것인지는 삶의 질과 관련이 있다.

순자는 인간은 단멸의 존재라고도 했지만 성악설을 주장했다. 인간은 본래 악해서 이익을 좋아하고, 시기하며, 좋은 것에 마음을 주고, 싫은 것은 외면하는 욕망의 존재다. 그래서 교육에 의해 선함을 배워야 된다고 강조했다. 자신을 비롯해 함께 사는 공동체를 위해서다.

하지만 생명은 본성대로 사는 게 가장 편하다. 악한 본성은 남을 위해 자기를 힘들게 비틀며 맞춰주고, 아프게 깎지 않는 게 자연스럽다. 노력의 필요도 느끼지 않는다. 그냥 자기 편할 대로 살다가 가면 그만이다.

아치타 캄발린 말처럼 죽으면 천국과 지옥 같은 영생에 의미를 두지도 않고 인과응보의 법칙도 없는데 무엇 때문에 자기의 본능을 억제하며 힘들게 살 이유가 있겠는가?

하지만 우주에는 정당한 '자승자박'의 법칙이 존재한다. 자신이 퍼트린 기운은 자신의 주변에 맴돌다가 자성처럼 저절로 내 인생의 자석에 둘러붙는다.

좋은 일을 하면 보답이 돌아오기 마련이고 나쁜 것도 자신에게로 돌아온다는 의미다. 아름다운 꽃밭에는 부드러운 감성을 가진 사람들이 코를 들이대며 향기를 맡으려고 모여드는 것이고, 쓰레기가 가득한 곳은 침을 삼키는 것도 께름칙해 그냥 뱉어 버릴 것이다.

결국 쓰레기 같은 사람은 꽃 같은 사람과 좋은 인연의 기회도 얻지 못한다. 인간은 유유상종이기 때문에 꽃 같은 사람은 쓰레기 같은 사람을 피한다.

순자의 말처럼 본성이 안 좋아도 선을 배우고 깨달아 바르게 살려는 의지가 없으면 사람 때문에 이 세상에서 지옥을 경험하게 될지도 모른다.

# 06 / 좋은 사람과
온전한 사람

## 기독교

성격이 무던하거나 인정이 많은 사람은 어디서든 사람 좋다는 소리는 듣는다. 천성적으로 무던한 사람은 예민하고 까다롭지 않아 누구에게나 마음을 쉽게 열어 인연을 만든다. 인정이 많은 사람도 무엇이든 잘 나누어주기 때문에 '정'을 쉽게 이끌어 낸다. 하지만 신앙을 실현할 때는 천사보다 사탄을 만날 확률이 높다.

세상에는 순한 사슴 같은 사람도 많지만 제 잇속을 챙기기 위해 물어뜯는 늑대 같은 사람도 있기 때문이다. 사슴 같은 사람은 경계 없이 사람을 좋아하며 다가가기 때문에 늑대 같은 사람에게 쉽게 노출 된다.

사람을 좋아하는 게 나쁜 건 아니지만 상기해야 될 게 있다. 사람을 통해 겪는 배신, 상처, 사기, 비겁하게 뒤통수치는 성정은 누구에게나 있는 성질이 아니라는 점이다. 동물의 세계에도 초식동물이 있고, 피가 흐르는 남의 살점을 먹고 사는 동물이 있는 것처럼 사람마다 성향 차이가 있다. 사기꾼 기질이 없는 사람은 기회가 있어도 남의 것을 술수를 부려 부당하게 빼앗지 않는다.

사람을 잘못 만나면 마음, 시간, 에너지, 물질의 피해가 생겨 사람에 대한 기피현상이 일어나고 우울증, 화병으로 몸과 마음이 망가진다. 하나님은 자녀들이 악한 사람을 만나 영혼이 망가지는 걸 원치 않으신다. 하나님은 사람을 만날 때 비둘기 같이 부드러우면서 뱀 같은 지혜도 동시에 갖춰야 된다고 하셨다.

신앙의 실현은 좋은 사람이기보다 온전한 사람이어야 한다. 마음의 활동도 중요하지만 머리도 필요하기 때문이다. 하나님은 우리에게 감성적인 사랑도 요구하지만 일의 의무도 부여 하셨다. 임무의 책임, 일은 마음으로 완수하는 게 아니라 머리다. 온전한 사람이란 감성보다 이성이 강해 상황을 논리적으로 인식해서 해야 될 일과 하지 말아야 될 일을 분별한다. 사람으로서 어떻게 살아야 되는지 도리를 깨달아 지키고 사태를 파악하는 눈도 있다.

집 한 채를 지어도 어떻게 지을 것인지 구상, 경제적인 융통성, 기술, 인력, 기간, 날씨, 계절까지 염두에 둬야 하듯이 하나님의 나라가 우리를 통해 이 땅에 건설 되려면 감성보다 논리적인 머리가 필요하다. 마음의 활동과 맡겨진 임무가 동시에 이루어져야 신앙의 완성에 이른다.

무던하고 인정이 많다는 건 감성적으로 따뜻한 행동가임에는 틀림이 없다. 하지만 잘못 된 인연 때문에 비틀거리면 하나님의 복음을 전할 수도 없다. 전도하면 이미 답은 정해져 있다. "너도 지켜주지 못하는 그 '신'을 날보고 믿으라는 거니?" 빈정거림, 비웃음만 돌아온다.

무턱대고 사람을 좋아하다가 고통을 겪기보다 이성적으로 상대가 사슴인지 늑대인지 먼저 파악해야 한다. 사람을 제대로 알고 가리는 건 교만이 아니라 분별이다. 욕망이 불타는 상대에게 불쏘시개가 되어 줄 필요는 없다.

사람 좋다는 소리는 좋은 사람에게 들었을 때 의미가 있다. 늑대에게 좋은 사람이란 자기에게 호구가 되어 주었을 때 평가일 수도 있기 때문이다.

본래 늑대와 사슴은 한 울타리에 있는 게 아니다. 기질과 성향이 다른 사람이 함께 있다가 이해관계에 얽히면 결국 직장을 옮겨야 되거나, 이사를 가야 되거나, 억울하게 물러서는 쪽은 항상 사슴이다.

기독교의 모티브는 사람을 사랑하는 것이지만 꼭 가까이 붙어서 무언가를 해줘야 되는 건 아니다. 따뜻한 관심, 인정스럽게 베풀기를 하지 않아도 타인에게 고통, 미움, 피해, 불친절, 시비, 싸움을 일으키지 않고 평화를 유지시키는 것도 사회적 사랑이다.

사슴 같은 사람은 구태여 늑대 같은 사람을 가까이 할 필요가 없다. 세고, 강하고, 부자들은 살아가는데 아쉬울 게 없고, 답답한 게 거의 없다. 상대가 도움을 원하지도 않는데 자신이 망가지면서 희생당하는 건 돼지에게 진주 목걸이처럼 가치가 없는 일이다. 상대에게 무엇을 바라는 욕심을 버리면 언제나 당당하다.

상대가 진심과 순수로 도움을 요청할 때는 힘을 보태 줄 수도 있지만 제 욕심, 욕구를 위해 상대를 이용하는 교만한 자는 외면해도 하나님에게 죄가 아니다. 그러기 위해서는 먼저 자신이 하나님의 올바른 잣대를 갖고 있어야 한다. 온전하게 스스로를 지켜야만 누군가 넘어지면 손잡아 일으켜 세워 줄 수 있고, 지쳐서 힘들어하면 어깨를 내어 줄 수 도 있다.

## 불교

좋은 사람이든 온전한 모습이든 요구하는 외부의 대상이 없다. 자신이 진리의 근원지다. 부처님의 배움을 따라가고 자비를 배우는 것일 뿐 지시를 받고 인정받아야 될 대상이 없다. 자성을 깨치고 본성을 닦아 스스로 부처 되는 데에 역점을 두기 때문이다.

불교의 수도정진에는 인정이 원수라고 했다. 인정에 매이면 방해요인이 되기 때문이다. 서로 돕고 함께 얽히는 게 좋은 것 같지만 생사윤회의 출발이기 때문에 주의 할 필요가 있다.

부처님도 부모, 처자. 부귀영화를 버리고 오직 수도에만 전력했다. 독행독보(獨行獨步)를 통해 영원히 자유로운 열반에 드셨다. 사람간의 소통보다 스스로 팔만사천의 번뇌를 물리쳐 열반에 이른 부처님처럼 자신을 다스려야 일시적 행복이 아니라 영원한 행복의 길에 오르는 것이다.

본래 인간의 번뇌는 팔만사천가지였다. 대부분의 번뇌는 사람과 얽혀 일어난다. 시기, 질투, 미움, 살인, 이간질, 욕심으로 인해 업의 가짓수가 많았다. 하지만 부처님이 떠나고 100여년이 지난 후 108가지 번뇌로 세분화 되었다. 백팔가지로 줄인 이유는 문제가 생겨도 근본적인 원인을 살펴야 해결이 쉽기 때문이다.

　사람을 만나지 않고 수도승으로 살아가면 번뇌도 적어 그나마 다스리기가 수월하겠지만 사람들 속에서 살아가는 중생은 쉽지 않다. 그러나 부처님이 보리수나무 밑에서 명상과 수행으로 생로병사의 원인을 깨우쳤듯 중생들도 늘 깨어 있으라고 했다. 생각, 마음, 행동을 다스리며 눈 밝은 선지식으로 에고를 끊어 내야 되는 것이다.

　옳다 그르다 차별하는 분별심도 습관적인 에고에서 비롯되는 것이기에 빈 마음이 되어야 한다는 뜻이다. 내 안에 아무 것도 없으면 그 무엇에도 매이지 않고, 반응도, 해석도 하지 않기 때문이다.


## 무신론

　옛 어른들 말에 인정이 많으면 팔자가 세다고 했다. 아마도 인정을 통해 인맥도 넓어지기 때문일 것이다. 나뭇가지가 많으면 바람 잘날 없듯이 베풀고 나누다보면 사람들과 쉽게 엮이기 때문에 사람가지가 많은 것이다. 상대의 사정을 모르고 조용하게 지나갈 수도 있는 일에 자기도 모르는 사이에 연루되는 것이다. 섣부른 인정이 독이 될 수도 있다는 의미다. 마음을 주고받는 사람이 힘들어하면 그냥 지나치지 못하는 게 인정이기 때문에 팔자가 세다고 했다.

　하지만 무신론자는 불교처럼 마음을 비우는 미학을 따를 필요도 없고, 기독교처럼 본향으로 함께 가기위해 천국의 초대장을 사람들에게 나누어 주라는 임무가 주어진 것도 아니다. 영원성의 의식이 없는데 좋은 사람, 온전한 사람이 무슨 의미가 있겠는가. 하지만 단멸적인 존재여도 기왕에 한번 뿐인 인생을 잘살면 좋은 일이다.

자기 집 마당에 꽃을 심어서 가꿔 본 사람은 알 것이다. 길에 아무리 아름다운 꽃이 많아도 내 집 마당에 피어있는 한 송이 꽃을 대하는 마음은 남다르다는 것을. 자신이 물주고 잡초 뽑아주며 정성을 쏟은 꽃이기 때문이다.

자신을 아름답게 가꾸려는 노력을 하는 사람은 자신에 대한 애정이 많다. 머리가 산발이 되면 단정하게 빗어 넘기고, 얼굴에 잡티가 생기면 피부 마사지를 하고, 옷맵시도 신경 쓴다. 내면도 마찬가지다. 누구에게 보이려고 아름다운 생각, 감사, 인간적인 연민으로 순한 마음상태를 유지하는 게 아니라 자신에 대한 책임의식이다. 내면에 마음 쓰는 사람은 어느새 언어도 잠꼬대처럼 순한 말이 나온다.

길을 가다가 꽃밭을 만나면 마음이 환해지고 미소가 번지는 것처럼 고운 말과 친절을 만나면 기분이 좋다. 그러나 불친절함을 만나면 불쾌하다. 기분 나쁘게 만든 사람을 향한 감정은 길을 지나가다가 더러운 곳을 만난 것처럼 무심코 침이 뱉어 진다.

세상에는 화려한 장미와 우아한 백합 같은 인생도 많다. 하지만 흔한 들국화, 채송화 같은 소박한 인생이어도 아름답다. 작은 꽃잎이어도 내면에 꽃이 피어있는 사람은 아름답다. 꽃을 피우는 노력은 만나는 인연들에게도 미소 짓게 하지만 본인에게도 멋진 선물이다.

# 07 / 초라함의 반전

## 기독교

하나님의 섭리에는 때로 역설적인 반전이 있다. 겉으로 초라하게 보여도 이면에 빛나는 은혜가 숨어 있기 때문이다. 부자라고해서 꼭 축복도 아니고 가난하다고해서 불행이 아니다.

물질이 풍부하면 많은 기회와 연결되는 건 부인할 수 없는 사실이다. 하고 싶은 건 무엇이든 할 수 있고, 화려하고 고급스런 쇼핑으로 자신감도 상승하고, 편리한 생활을 하며, 사람의 환심도 살 수 있다.

돈이 없으면 창살 없는 감옥에 갇힌 거나 진배없다. 집밖에만 나가면 돈이 드는 게 현실이다. 친구를 만나도 카페에 들어가야 하고, 거리를 이

동해도 교통비가 든다. 사소한 것에서부터 긴요한 일까지 활동하며 사는 것 자체가 비용이 발생된다.

돈이 많고 적음의 차이는 자동차의 핸들과 나사처럼 극단일 만큼 처지와 입장이 다르다. 핸들은 사방이 내려다보이는 실내에서 지나가는 사람들, 교통상황, 빌딩, 화려한 불빛을 바라보며 편안하게 있지만 나사는 어두운 구석에 처박혀 있는 신세다.

하지만 핸들은 앞을 내다보며 전체를 이끌고 가야하기 때문에 그 위치에 있어야 하는 것이고, 나사는 옷의 박음질이 안에 들어가 있는 것처럼 자동차 부품들을 서로 연결해 주기 위해 보이지 않는 곳에 박혀야 한다.

그러나 보기에 좋다고 다 좋은 게 아니다. 좋은 조건은 영성적으로는 불리하기 때문이다. 복잡하고 화려한 불빛 속에서는 영성의 빛을 잃기 쉽고, 하나님의 세밀한 음성을 듣기 힘들다. 자칫 하늘로 가는 길을 잃고 엉뚱한 방향으로 끝까지 갈 수 있다.

나사는 어두운 곳에서 조용히 있기 때문에 영성의 작은 빛도 선명하게 볼 수 있고, 미세한 하나님의 음성도 들을 수 있다. 하나님의 음성을 듣는 다는 건 육성이 아니라 마음에 울리는 깨달음이다. 미세하게 흔들며 깨우는 영성을 감지할 수 있다. 그렇기 때문에 영성의 깊은 혜안에 다다르려면 나사 같은 처지가 더 유리하다.

그래서 부자들은 넓고 좋은 길로 가기 때문에 천국에 들어가는 게 낙타가 바늘 귀를 통과하는 것보다 어렵다고 했는지도 모른다.

# 불교

사람은 누구나 비슷한 소망을 갖고 있다. 사회적으로 인정받는 직업, 좋은 집, 고급 자동차, 멋진 외모의 배우자를 희망한다. 자신뿐 아니라 자식을 위해서도 풍부한 조건을 갈망한다.

하지만 불교는 인연, 물질은 인과의 교설이 있다. 만물의 생성변화와 같이 모든 생명은 고정 된 실체는 없지만 모양이 바뀌어 존재한다. 나뭇잎이 땅에 떨어져 거름이 되어 또 다른 생명으로 태어나듯이 모양은 바뀌지만 연속성을 지니고 있다.

육도에 태어났다는 건 수레바퀴처럼 끝도 시작도 없이 순환한다는 근거다. 극락왕생하지 못하고 돌고 도는 가운데 부모가 되고, 자식이 되고, 부부가 되고, 인연이 된다.

그렇기 때문에 현재 자신의 모습이 못마땅하게 느껴진다면 더욱더 불법을 깨우치고 수행과 덕을 쌓아야 한다. 이 세상에서의 삶의 과정에 따라 새로운 기회가 주어지기 때문이다.

풍부한 조건을 가지고 있는 사람도 방심 할 수 없는 건 마찬가지다. 또다시 열반에 이르지 못할 수도 있기 때문이다.


**자기가 심은 대로 거두는 법칙은 공평하다.**
– 대승본생심지관경 –


세상의 이치를 깨달은 부처님도 우리와 동시대를 살다간 성철 스님도 세상을 구원하러 오신 게 아니라 구원의 방법을 가르치러 오셨다고 했다. 자신의 처지와 환경이 어떠하든 진리를 등불삼아 자신을 잘 이끌라고 하셨다.


## 무신론

세상에 살 때는 '나'가 있지만 죽으면 소멸된다. 생명이란 이어지는 선이 아니라 하나의 점이다. 어느 날 지우개로 지우면 의미 없이 없어져 버리는 것과 같다.

단멸적인 존재의식은 현재 삶이 돌밭처럼 빈궁하든 기름진 옥토처럼 매끄럽든 의미부여의 근원이 없다.

이 세상에 왜 태어났을까 한번쯤은 생각해보지만 스쳐 지나간다. 그냥 살아지니까 사는 것이다.

부자가 되는 것도 가난하게 사는 것도 복불복처럼 우연히 만나는 행운이다. 복불복(福不福)이란 자신의 노력으로 무언가 얻어지는 게 아니라 운의 작용이다. 갓난아기가 뱃속에서 무엇을 한 게 있다고 좋은 부모를 만나는 것이겠으며, 젊은 연예인이 짧은 기간에 얼마나 많은 선을 베풀었다고 인기를 끌고 많은 돈을 벌겠는가.

그래서 '운칠기삼' 이라는 말이 있다. 운이 칠, 노력이 삼이라는 뜻이다. 하지만 운에 자신을 맡기는 건 게으름 피우는 핑계일수 있다. 운의 작용도 부인 할 수는 없지만 전체를 내포하는 말은 아니기 때문이다. 타고난 복도 있는 게 사실이지만 자신의 노력여하에 따라 삶의 변화도 오기 때문이다. 쌓아놓은 인맥으로 도움을 받을 수도 있고, 불쌍한 사람에게 베풀어 은혜가 돌아 올 수도 있다.

돌밭 같은 인생이어도 돌을 골라내는 수고를 해야 생산이 있다. 씨앗이 돌 위에 떨어지거나 돌 밑에 깔리면 싹이 나지 않기 때문에 열매를 거둘 수가 없다.

환경에 불평불만하며 돌을 골라내지 않으면 아무런 변화가 일어나지 않는다. 죽으면 그만인데 돌밭에 뒹굴다 간다한들 뭔 상관인가 싶겠지만 자신이 세상에 와서 머물렀던 자리의 책임은 져야한다. 내 후손이 내가 닦아 놓은 터에 머물러 살아야 하기 때문이다.

# 08 / 사탄의 속셈

## 기독교

사탄은 어떤 누구의 지배나 연결구도 없이 자율적인 힘을 가지고 있다. 인간보다 초월적인 힘을 가졌지만 불의의 능력을 가진 독립적인 존재다. 그 능력으로 약한 인간을 매개로 제 목적을 이룬다.

그러나 그의 목적은 인간을 파괴하려는 게 아니다. 어른이 아이 상대로 싱거운 싸움을 하겠는가. 사탄의 활동은 하나님에 대한 저항이다. 사탄은 본래 하늘나라의 천사였지만 하나님에게 반역하다가 고귀한 신분을 박탈당하고 쫓겨났기 때문에 대적의 상대는 주님이다.

그는 하나님과 함께 살았기 때문에 하나님이 무엇에 약한지 잘 알고 있다. 하나님의 약점은 인간을 향한 애정이다. 외아들인 예수님의 고통을 감수하면서 구원하고 싶어 하는 생명들이라는 것을 사탄은 너무나 잘 알고 있다.

부모에게 삶의 의지를 잃을 만큼 비참한 고통은 자식의 고생을 목격할 때이다. 하나님도 인간이 사탄의 술수에 넘어가 곤경에 빠져 허우적대는 모습을 보면 안타까워하신다. 본래 비겁하고 치졸한 인간이 남의 약점을 이용하듯이 사탄은 인간을 사랑하는 하나님의 약점을 파고드는 것이다.

문제는 인간들이 사탄의 존재를 실존적 존재로 인식하지 않는다는 점이다. 힘든 역경이 생기면 하나님 원망, 부모 탓, 환경 탓, 조상 탓, 상대 탓을 하며 신세타령은 해도 사탄 때문이라고 생각하지 못한다. 상대를 알면 백전백승이라는 말도 있지만 모르면 당할 수밖에 없다.

사탄이 인간 옆에 다가오는 순간은 무언가를 선택해야 할 때이다.

항상 선택의 갈등은 내가 좋아 하는 것과 하나님이 원하시는 것에 혼란을 겪는다. 고민할 때 사탄이 유혹한다.

창고에 곡식이 많아도 나누어 주라고 하기보다 내일을 위해 아껴두라고 속삭이고, 다툼이 생기면 화해보다 외면을 부추기고, 가족과 이웃에게 양보보다 자기 것은 악착같이 챙기라고 꼬드긴다.

만날 수밖에 없는 관계에서 등을 돌리면 반드시 부작용이 따른다는 걸 사탄은 알고 원수가 되도록 유도하는 것이다. 사탄의 존재를 사실적으로 인식하지 못하기 때문에 오늘날 부모, 형제, 이웃, 동료와 등 돌리고 사는 사람이 많다.

사탄의 계략으로 인간과 인간 사이가 멀어지면 개인의 영적성장도 멈

쳐지지만 하나님의 뜻과 계획이 어긋난다.

**진리의 길을 잃는 순간 악마가 데려 갈 것이다.**
**약한 자는 노예로 부리고 강한 자는 파괴, 분열의 전사로 쓴다.**
**– 솔로몬 케인 책에서 –**

사탄은 인간을 노예로 부리다가 영혼이 피폐해지면 팽개친다. 전사도 전장에서 싸우다가 죽으면 더 이상 쓸모가 없어지는 것처럼 사탄도 인간이 더 이상 이용가치가 없으면 버린다. 사탄은 뱀처럼 죽은 건 먹지 않고 산 것만 먹기 때문이다.

그런데 하나님은 사탄이 인간을 망가뜨리는데 왜 보고만 있는 것일까? 짜자잔~ 나타나서 사탄의 다리몽둥이를 부러뜨려서라도 움직이지 못하게 막아야 하는 것은 아닐까? 하지만 어둠이 있으므로 해에 대한 감사를 느끼듯 사탄의 방해를 통해 인간의 지혜는 늘고, 하나님에 대한 순종의 척도가 가늠되며, 감사를 깨닫게 된다. 오히려 사탄으로 인해 완성되어 가는 면도 있다.

하나님은 인간에게 사탄의 실존은 현실이니 알아차리라고 했고, 스스로 이길 수 있는 방법도 일러 주었다.

**근신하라 깨어라 마귀가 우는 사자같이 두루다니며**
**삼킬 자를 찾나니 너희는 믿음을 굳건히 하여 그를 대적하라**
**(베드로전서 5:8–9)**

늘 깨어 기도해야 하는 것은 사탄의 존재를 깨닫게 하는 분별력과 지혜, 대적하는 힘, 용기를 주시기 때문이다. 혼자 힘으로 부족하면 사람을 붙여서 도와주고, 별주부전의 토끼처럼 꾀를 주기도 하며, 두려운 마음을 사라지게 해서 침착하게 대처 하게 하신다.

잊지 말아야 되는 건 사탄은 인간이 불쌍해서 마음 아파하지도 않고 절망스러워 울어도 개의치 않는다는 점이다. 내 불행에 미소 짓는 자, 다리 걸어 넘어뜨려놓고 내려다보며 비웃는 자는 두려운 대상이 아니라 바깥으로 던져 버려야 한다. 나약한 인간의 모습을 보면서 하나님은 아파하고 사탄은 즐기고 있다는 걸 잊지 말아야 한다.

## 불교

초기 불교에 빠삐만이라는 악마가 있었다. 부처님의 수행을 방해하고 유혹하며 괴롭혔다.

어느 날 부처님이 명상하는데 속삭였다.

"지금 재산을 잃을까봐 불안해서 눈감고 궁리하고 있는 거지? 아니면 무슨 죄라도 지어서 참회하고 있는 것이지?"

부처님은 빠삐만의 도발적인 질문에 차분히 말했다.

"나는 모든 것에 대해 탐욕, 슬픔, 번뇌 없이 참선을 하고 있다네."

부처님은 잘 넘겼지만 제자들은 빠삐만의 유혹에 넘어갔다. 욕망을 부추기고 이간질도 정당화시켰다. 결국 공동체의 질서가 무너지고 계율을 벗어나는 행위를 일삼았다.

불교의 빠삐만은 기독교처럼 바깥의 독립된 실존의 존재가 아니라 내면화를 상징하는 것이다.

　빠삐만이라는 악마를 인정하지만 대결구도가 아닌 것이다. 모든 문제는 외부에 있는 것이 아니라 자신의 부정적인 것과 충돌해 고통과 혼란을 일으키는 것이다. 완전한 깨달음을 성취하면 일체의 번뇌에서 해방되고 악마의 지배로부터 벗어 날 수 있다는 점의 강조다.

# 4부

# 진리는 현실을 벗어나지 않는다

# 01 / 여인들의 위대함

## 기독교

예수님은 30세에 공생애를 시작했다. 그동안 개인적인 삶을 살다가 세상을 향해 공적으로 능력을 펼치신 것이다.

모든 도시와 마을을 두루 다니며 천국복음을 전파하고, 갖가지 질병도 고쳐주고, 기적도 일으켰다. 그러나 사람들에게 희망과 소망을 주는 강연료나 치료비는 무료였다. 수입이 없다보니 편안하게 머리누일 곳이 없었고 빵도 부족했다. 하늘을 지붕 삼아 돌베개를 베고 잘 때도 있었지만 언제나 눈빛은 빛났고 생기가 넘쳤다.

날이 갈수록 천국복음을 듣기 위해 사람들은 예수님 곁으로 모여 들었다. 그 가운데 일곱 귀신이 든 막달라 마리아가 있었다. 막달라란 망대란 뜻을 가진 마을 지명이고 이름이 마리아라는 여자였다. 예수님은 마리아에게 붙은 귀신을 쫓아내어 자유롭게 회복시켜 주었다.

지금도 정신병은 완치가 쉽지 않지만 그 당시도 고칠 수 없는 고질병이었다. 그 병에 걸리면 살아가는 순간순간이 괴롭고, 미래에 희망도 가질 수 없어 인생은 끝이었다. 불치병으로 절망 속에서 살던 마리아를 예수님이 완치시켜 주신 것이다.

건강해진 마리아는 새 삶을 열어준 예수님을 따랐다. 직접 기적을 체험한 신기로움과 천국복음에 매료되었다.

은혜를 입었던 여인은 마리아뿐만이 아니었다. 수산나와 요안나도 있었다. 그 여인들은 예수님과 제자들이 궁핍한 생활을 하는 걸 보고 자기 소유를 팔아 경제지원을 하고, 음식도 만들고, 옷도 지었다.

그 당시 여성의 지위는 하급이었고 인권도 없었다. 그런데 예수님은 여인들을 제자들과 함께 활동적인 사역에 참여 시켰다. 인간은 누구나 차별 없다는 공평성을 알리기 위해서다. 여성도 하나님에게는 남자들과 똑같이 소중하고 귀한 생명이라는 인식이 불가능했던 시대였지만 예수님은 역발상으로 여인들에게도 인격적으로 대해서 변화를 일으켰다.

그러나 세상에서 외롭고, 비참하고, 절망에 빠진 사람들을 구해주었지만 예수님을 따르는 무리가 늘어나자 바리새인, 사두개인 등 종교 지도자들이 예수님을 핍박하기 시작했다. 결국 이스라엘 변방에서 가난한 목수의 아들로 태어나 가난하게 삶을 살다가 작은 이단자로 종결되어 십자가에 매달렸다.

그런데 예수님의 임종의 순간에는 제자들이 없었다. 자기에게 불똥 튈까봐 도망갔다. 하지만 십자가 밑에서 눈물을 흘리며 서 있었던 여인들이 있었다. 예수님 엄마와 귀신들렸던 막달라 마리아였다. 막달라 마리아는 예수님이 가시 면류관과 몸에 못이 박혀 선혈이 낭자한 모습을 그대로 보았다. 마리아는 예수님이 돌무덤에 안치되는 것을 보고 집으로 달려갔다. 곧바로 고급 향유를 갖고 무덤으로 왔다.

유대사회에서 향유가격은 일반 서민의 전 재산에 해당되는 재물이었지만 피 냄새나는 예수님 몸에 뿌려드리기 위해서다. 가족이 심한 질병에 걸렸을 때 회복가능성이 낮아도 돈을 아끼지 않고 최선을 다해 치료를 해 주는 것처럼 마리아는 처참하게 돌아가신 예수님을 위해 아끼지 않고 내 놓았다.

부모님이 돌아가실 때에도 임종하는 자식은 따로 있듯이 예수님이 돌아가실 때에도 공식적인 12제자들이 아니라 여인들이 지켰다. 훗날 남자 제자들은 예수님을 따라 피의 순교를 하므로 이 땅에 복음의 생명의 줄기가 되었지만 임종할 때는 애통한 눈물로 보내드리지는 못했다.

오늘날까지 예수님을 신랑처럼 섬기며 헌신하는 마리아 같은 여사도들이 있다. 예수님이 살아계시는 당시부터 사역에 참여했던 수산나, 요안나, 막달라 마리아를 시작으로 천주교에는 수녀님들이 있고, 개신교는 전도사님이 있다. 그 당시 예수님의 공식적인 제자는 12사도지만 여성들이 뒤를 이어 13사도 14사도였다. 복음에 동참하는 사역으로 살림을 산 것처럼 오늘날까지 이어져 수녀님, 전도사님이 교회 살림을 하고 있다.


## 불교

부처님은 40세에 코살라의 한 외곽에서 제자들과 먼지 나는 길을 따라 걷는 방랑자였다. 소유물은 사발, 실과 바늘, 물 거르는 도구정도였다.

그 당시에 코살라를 통치하는 국왕은 파세나디었다. 그 왕은 강력하고 무자비한 군주였다. 적들을 쇠사슬로 묶고 뾰족한 막대기로 찌르고 동물도 피투성이 된 채로 희생제를 여는 잔인한 자였다.

어느 날 왕은 저명한 스승으로 부상한 부처님을 방문했다. 그때 왕의 친구인 반둘라 장군과 그의 아내도 수행단에 있었다. 왕과 부처님은 담소를 나눴다.

그 후 몇 차례 만난 후 왕은 부처님과 제자들을 코살라 수도 시밧티에서 평생 살도록 도와주었다. 그런데 폭군인 왕의 신하들도 군주를 닮아 가난한 사람의 재물을 부당하게 취했다. 신하들을 제지하기 위해 왕이 부처님을 처음 찾아갈 때 동행했던 반둘라 장군이 나섰다. 말 안 듣는 관리들을 내쫓았다. 그런 장군이 못마땅한 관리들은 결탁했다. 반둘라 장군과 32명인 그의 아들들이 왕을 암살하려는 계획을 세운다고 헛소문을 퍼뜨렸다. 결국 왕은 반둘라와 아들들을 몽땅 죽였다. 그러나 아내와 며느리는 살려 두었다.

그 소문을 부처님도 들었다. 그러나 왕과 담소를 나눌 때 친구인 반둘라를 죽여 버린 무자비한 행위에 대해 언급하지 않았다. 폭군의 기분에 따라 바로 죽을 수도 있었고, 제자들이 숲속으로 추방 될 수도 있었기 때문이다. 잔인한 폭군의 후원을 받고 사는 붓다는 제자들이 숲속으로 들어가면 살 수 없다는 것을 알기에 침묵했던 것이다. 식인종, 야생동물 공격과 음식물을 구할 수 없기 때문이다.

하지만 부처님은 폭군에게 바른 말도 못하고 비굴하게 산다는 데에 초점을 두지 않았다. 세속적인 현상에 의미를 두지 않았기에 돈은 돈일뿐이었다. 돈이 나쁜 게 아니라 사람이 나쁜 것이기에 부처님은 묵묵히 자신의 사상을 정립하고 공동체를 이끌었다.

그렇게 많은 사람들과 제자들에게 깨달음의 설법을 하다가 80세에 '춘다' 라는 대장장이가 올린 버섯 죽을 먹고 오늘날 식중독 같은 병이 났다. 부처님은 혼자 도시 외곽의 사라수 나무 사이에 드러누워 열반에 드셨다. 그때 옆으로 다가오는 여인이 있었다. 그 여인은 슬픈 눈빛으로 부처님의 시신위에 보석이 장식 된 귀한 외투를 덮어 주었다. 그 여인은 반둘라 장군 아내 말라끼였다. 남편과 아들들을 잃었을 때 참혹한 심정을 부처님 설법을 들으며 다스렸었다.

말라끼는 서른 두 명의 아들이 죽었을 때 슬퍼하는 며느리들에게도 부처님의 설법을 전하며 위로했다.

"너희들의 남편은 과거 생에 그들이 지었던 악업이 무르익었기 때문에 그런 일이 일어나서 죽은 것이다. 그러니 슬퍼하거나 한탄하지 말아라."

남편과 자식들을 떠나보내고도 부처님 설법에 의지해 살 수 있었기에 말라끼는 보석 박힌 외투를 내어 드렸다.


## 무신론

신의 아들인 예수님도, 인간의 왕 아들인 부처님도 임종을 지키고 마무리했던 사람은 약하고 비참하게 살아 온 여인들이었다.

두 종교의 왕이 여인들의 도움을 받은 것이 완벽한 이상화된 이미지를 추락시키는 건 아니다. 그 누구도 연약한 여인의 도움 없이는 태어나지도, 살지도, 죽지도 못하기 때문이다.

　어떤 위대한 사람이어도 여자의 몸에서 태어난다. 마지막 순간에도 대부분 여인들이 옆에 있다. 남자보다 평균적으로 수명이 긴 아내가 남편의 마지막까지 지켜주고 보살펴 준다. 병든 몸을 씻기고, 먹이고, 뽀송한 옷을 갈아 입혀주는 요양 보호사, 맥박을 짚고 주사를 놓아주는 간호사, 지상에서 마지막으로 듣는 위로의 말과 미소를 건네는 사람 천사인 호스피스도 여자다.

# 02 / 영혼을 이끄는 두 개의 빛

## 기독교

예수님은 우리나라 경상북도만한 작은 땅 이스라엘 변방에서 태어났다. 안락하고 따뜻한 방 아랫목이 아니라 어느 마구간 짚더미 위에서 첫울음을 터트렸다. 초라한 장소에서 태어났지만 위대한 왕이라는 표식이 있었다.

그 시각에 멀리서 예수님이 태어났다는 징조를 알아 본 사람들이 있었다. 아라비아 왕 멜콰이어, 에디오피아의 왕 발타살, 탈서스의 왕 케스펠인 동방박사들이다. 그들은 별을 연구하는 점성가들이어서 별빛을 보며 예수님 탄생을 알았다. 위대한 왕이라는 것을 알고 마구간까지 찾아가 경배했다.

예수님이 집에서 태어나지 못했던 이유는 로마황제 아우구스투스가 인류의 왕이 태어난다는 예언을 듣고 갓난아기들을 모조리 죽이라고 명령했기 때문이다. 예수님의 부모님은 위험한 그 지역을 떠나 객지에서 아기를 낳을 수밖에 없었다.

예수님은 태어난 장소도 초라했지만 성장과정도 가난했다. 아버지가 목수 일을 했다. 그 당시 목수라는 직업은 천민에 속해서 예수님은 배우지도 못했다. 더구나 장남이어서 13세살에 아버지의 뒤를 이어 목수 일을 해야 했다.

전지전능한 하나님의 아들이라면 좋은 가문으로 이 세상에 올 수도 있었을텐데 왜 천민으로 오신 것일까? 유복한 환경이 주어졌더라면 더 많은 영향을 미칠 수 있었을 것이다. 하지만 하나님은 독생자 아들을 가난한 인자(人子)로 세상에 보낸 것은 모두를 구원하려는 위대한 계획이 있었기 때문이다.

누구나 바닥의 인생이 되고 싶어 하지 않는다. 부와 명예를 가지면 대접을 받고, 인정도 받지만 가난하면 소외되기 쉽다. 그렇기 때문에 예수님이 약한 배경으로 이 세상에 오셨다.

어쩌면 환경에 따라 차별이 있는 세상에서 예수님이 사회적으로 높은 위치와 좋은 환경에서 사셨다면 약하고 가난한 자들은 예수님을 따르지 않았을지도 모른다. 이질감이 들면 멀찌감치 서서 바라보지 가까이 다가서지 않기 때문이다. 예수님과 같은 처지, 비슷한 입장이었기 때문에 복음을 받아들이기가 수월했을 것이다.

본래 진리란 외면되는 곳 없이 전체에 공평성이 이루어져야 한다. 하나님은 인간본성에 더 쉽게 일치를 이루기 위해 예수님을 세상의 바닥에 놓으셨다. 환경이 어떠하든 높다, 낮다, 귀하다, 천하다의 차별 없이 모두는 하나님의 자녀라는 자아 정체감을 갖고 살아가도록 하기 위해서다. 예수님이 몸소 생활로 보여주신 것이다.

행색이 초라하고 사회적으로도 천민인 위치에 있으면 아무리 논리에 강한 말을 해도 무시되기 쉽다. 그러나 예수님의 몽완적인 것 같은 복음을 듣기위해 몇 천 명씩 모여 들었다.

예수님이 전하는 복음은 자신의 얘기였기에 설득력이 있었다.

천국에서 살다가 이 세상에 온 사람은 예수님밖에 없다. 그곳에서 살았기 때문에 영원의 집의 비밀을 알고 있는 것이다. 그 곳에는 천국도 있지만 지옥도 있다는 걸 사람들에게 알려줘야 했다.

누구나 죽으면 무조건 천국으로 갈수 있다면 예수님이 이 땅에 올 필요도 없었고, 십자가에서 고통을 겪지 않아도 되었을 것이다. 인간들이 지옥이 있는 줄 모르고 사는 게 안타까워 모두를 천국으로 인도하려고 인간의 모습으로 이 땅에 오신 것이다.


본래 지옥이란 하늘나라에서 타락한 천사들을 벌하는 장소였다. 태초에 인간이 창조되기 전부터 하나님을 중심으로 존재하는 하늘의 공동체가 있었던 것이다. 인간들이 모여 사는 지구에도 죄를 지으면 감옥에 가는 것처럼 그 세계에서도 하나님을 반역한 천사들의 형벌 장소가 지옥인 것이다.

예수님은 인간을 창조한 하나님 아버지를 거부하고 반역하면 타락한 천사들처럼 지옥에 보낸다는 메시지를 들고 이 땅에 오셨다. 한 집에서 함께 사는 게 가족인 것처럼 하늘의 가족이 되려면 하나님을 아버지라고 부르는 양자로 입적이 되어야만 된다는 복음을 전하러 오신 것이다.

신의 아들인 예수님이 인간과 소통을 하려고 인간으로 와서 복음을 전파하고 본향으로 가셨다. 하지만 하나님과 인간의 매개역할은 지금까지 계속되고 있다.

성경은 구약과 신약으로 나뉘어져 있지만 유기적이다. 성경을 기록한 저자들이 다를 뿐 아버지와 아들 예수님에 대한 내용으로 이어져 있기 때문에 떼어 놓을 수 없다.

구약의 39권은 하나님 아버지에 대한 내용이다. 모세, 다윗등 약40명의 선지자들이 썼고, 신약 27권은 예수님과 생활했던 12명의 제자들과 바울, 누가가 썼다. 단 요한계시록은 예수님 제자들 가운데 가장 오래 산 요한이 자동기서로 기록한 내용이다. 자동기서란 작가의 논리, 생각, 의지가 아니라 제삼의 무엇으로부터 받아 적었다는 뜻이다.

미국의 미스터리 작가 펄커렌이 영혼이 부르는 대로 받아 쓴 책이 있는 것과 유사하다. 펄커렌은 평소 책도 안 읽고, 배움도 없었고, 글을 쓰려는 의지도 없었다. 어느 날 알지도 못하는 단어가 떠올라 무작정 써 내려갔다. 내용을 구상하고, 의도하지 않았지만 일목요연하게 전개 되었다. 그 책이 '유감스런 도시'다. 미스터리로 쓰여 졌지만 베스트셀러가 되었다.

실제 사례도 있는 것처럼 요한계시록도 요한이 하나님의 공의, 영광, 최종적인 심판을 자기 상상력으로 쓴 게 아니라 전적으로 성령의 인도를 받아 기록된 내용이다.

## 불교

부처님은 전생에서 수행시절의 이름이 선혜보살이었다. 어느 날 신통력 있고 깨달은 자를 만나게 되었다. 그 분은 진리를 설파하는 연등불이었다. 연등불은 무수한 공덕으로 성불한 증거적인물이다.

하루는 연등불이 진흙탕을 밟고 갈 수밖에 없는 상황에 놓이게 되었다. 그때 선혜보살은 즉시 옷을 벗어 말아 쥐고 몸을 진흙 바닥에 엎드렸다. 연등불이 밟고 지나가도록 다리가 되어 준 것이다.

연등불은 선혜보살에게 예언을 했다. 다음 생에는 정반왕과 마야부인 사이에서 태어나 중생들을 구하는 진흙속의 연꽃 같은 존재가 되리라고 말했다. 연등불이 그렇게 되도록 만들어 주겠다는 의미가 아니다. 천안으로 선혜보살의 다음 생을 내다 본 것이다.

선혜보살은 연등불의 예언대로 이 세상에서 왕의 아들로 태어났다. 하지만 왕자로서 편하고 멋지게 살수도 있었지만 백성들의 인생의 고(苦)가 가득한 모습을 보고 생각이 많아졌다. 결국 왕자의 자리에 의미를 못 느끼고 깨달음을 찾아 떠났다.

옷 한 벌과 맨발로 탁발을 하며 명상과 수행을 했다. 29살에 시작되어 35살에 인생의 진리를 깨닫고 천안도 열렸다.

천기를 내다볼 줄 알게 된 부처님이 전생에 자신이 선혜보살이라는 걸 알았듯이 중생들의 전생도 들여다 볼 수 있었다. 생명의 순환과정을 안 부처님은 설파했다. 자신이 뿌린 악업은 필연적으로 본인에게 되돌아온다는 것을 가르치며 삶의 역점을 어디에 두고 살아야 하는가를 하나하나 일러 준 것이다.

그 내용을 기록해 둔 게 불교 경전이다.

불교 경전은 수행을 완성한 아라한들이 이같이 들었다를 암송형식으로 계승한 것이다. 그러다가 BC2세기쯤 스리랑카 문자로 최초로 기록 되었다. 이 기록이 패엽경(貝葉經)이다. 종이가 없어 나뭇잎에 썼다는 뜻이다.

우리나라에는 중국을 거쳐 불교가 들어왔기 때문에 경전도 한문이다. 한문을 한글로 번역했지만 여전히 일반인들이 뜻을 풀기에는 어렵다. 그렇지만 대장경 속에는 부처님의 가르침과 계율만이 아니라 근원으로부터 흘러나온 강물을 따라가는 내용이 기록되어 있다. 고뇌가 가득한 중생에서 열반의 피안에 이르게 하는 길을 가르쳐 주는 법문인 것이다.

# 03 / 죄와 벌

## 기독교

하나님을 믿는 사람이든 믿지 않는 사람이든 모두는 창조주의 큰 그림 안에 그려진 존재다. 모든 사람들은 전체에 속한 하나의 구성원이다. 탑을 쌓을 때 큰 돌, 작은 돌멩이, 뾰족한 돌, 넓적한 돌이 필요한 것처럼 완성을 위해 다양한 모습으로 각자의 위치에 배치되어 있는 것이다.

그렇기 때문에 하나님을 믿지 않는 사람이어도 크고 넓적한 돌처럼 큰 부자가 있고, 명예가 높을 수도 있다. 반대로 신심이 깊은 사람이어도 작은 돌멩이처럼 빈약하고 초라 할 수 있다.

누구든 이 세상에 필요해서 창조되었으며 지엄한 하나님의 법 안에 속해있다. 그 법의 적용은 모든 사람들에게 공평하다. 믿음이 없다고 해서 나쁜 짓을 하면 당장 벌을 내리고, 믿음이 있다고 해서 봐 주지 않는다는 의미다. 쌓아 올린 돌탑에 돌 하나하나가 잘못할 때마다 빼 버리면 자칫 전체가 무너질 수도 있기 때문이다. 가라지 뽑으려다가 알곡까지 뽑을 수 없는 노릇이다.

인간이 실수와 잘못으로 죄를 져도 하나님은 모든 생명이 구원 받기를 원하기 때문에 끝까지 기다려 주신다. 회개를 통해 돌이키는 기회를 주시며 침묵하신다. 자식이 밖에 나가 말썽부리고 부모 욕을 먹인다고 당장 다리몽둥이를 부러뜨리고, 주었던 재산 다 빼앗고, 살인청부 업자를 고용하는 부모란 없는 것이다.

하지만 죄에 대해 막연하게 인식하기보다 구체적으로 인식하고 있어야 한다. 어떤 게 하나님에게 죄인지 알지 못하면 무의식적으로 죄를 짓고 습관 된다.

죄의 대부분은 사람이 사람을 괴롭히는 일이다. 살인, 강도, 도둑질. 사기, 미움, 질투, 불효, 이간질, 원수, 약한 자를 이용하거나 짓밟는 행위 등이다. 죄란 혼자만의 일로 그치는 게 아니라 타인의 피해와 관련되어 있다. 물질피해를 입히고, 마음의 고통으로 억울한 희생자가 발생되고, 타인의 인생을 망가지게 하고, 긴 날을 절망의 고통 속에 있게도 한다.

피해자 입장에서는 자신을 고통으로 몰아넣은 사람이 당장 벌을 받아야 속이 시원할 것이다. 그러나 하나님은 인간을 대신해 복수해 주시거나 직접 복수하는 건 경계하라고 하셨다. 하지만 사랑하는 자녀를 건드리는데 보고만 있는 부모란 없다. 때로는 눈에 보이는 응징을 해 주실 때도 있다. 피해자는 하나님의 권위를 의존하게 되고, 가해자는 그 벌을 통해 겸손하게 돌이키는 기회를 주기 위함이다.

그러나 자신의 삶의 태도가 잘못 되어 문제가 발생 될 수도 있기 때문에 복수는 자신의 죄를 더욱 가중시킨다.

**내 사랑하는 자들아 너희가 친히 원수를 갚지 말고**
**하나님의 진노하심에 맡기라 기록 되었으되 원수 갚는 것은**
**내게 있으니 내가 갚으리라고 주께서 말씀하시니라**
**(롬12:19)**

직접 복수하지 말라고 한 건 피해자도 결국 가해자가 된다. 손에 피를 묻히면 결국 본인도 죄를 짓게 된다. 하나님은 둘의 생명을 동시에 잃을 수가 없어 직접 복수를 하지 말라고 하셨다. 하지만 엄중하게 심판을 주지시키며 경고했다. 마지막 날에 자신이 저지른 잘못은 일획일점도 빼지 않고 심문을 하며 책임을 묻겠다고.

## 불교

자신이 행한 과보를 당장 받는 순현보(順現報)도 있지만 다음 생에 받는 순후보도 있다. 잘못을 하면 이 세상에 사는 동안 돌아오기도 하지만 죽어서 받는 것도 있다는 뜻이다.

어떤 죄든 아무 일도 없다는 듯이 소멸되는 게 아니라 자신이 다 책임져야 하는 것이다.

처음 우리나라는 불교를 수용한 이유가 있다. 당시 왕들이 백성을 다스리기 위해서다. 고구려는 소수림왕(372)때이고 백제는 침류왕(384)때이다. 왕이 곧 부처라는 논리를 이용해 자신들의 권위를 높였다.

왕실, 귀족, 양반은 전생에 좋은 일을 많이 해서 이 세상에서도 잘 산다는 논리였다. 천민과 평민은 벼슬아치들이 업신여겨도 참고, 부당하게 양식을 빼앗아도 화를 내지 못했다. 인내하며 순종하므로 순하게 지나가야만 다음 생에는 현생처럼 비참하게 태어나지 않는다고 설득했기 때문이다. 불교는 천민과 평민들을 지배하는 접근법이었다.

천민과 평민은 덕을 쌓아서 다음 생에는 좋은 모습으로 태어나기를 희망하며 귀족들이 시키는 대로 복종했다. 하지만 종교를 떠나 본래 약자가 정의, 평등을 아무리 외쳐도 강자는 개의치 않는다. 자신과는 상관없는 남의 일이기 때문이다.


## 무신론

살아 온 성적표대로 책임을 묻는 심판자도 없고, 알 수 없는 미지의 세계로 또다시 떠나가는 여정이 기다리고 있지도 않다.

하지만 인간은 우주의 시스템에 의한 자동법칙에 순응하는 존재다. 이 세상에 사는 동안 자신의 삶의 태도에 따라 보이지 않는 기운이 자동으로 형성되는 것이다. 좋은 장소는 좋은 것을 불러들이고 나쁜 장소는 나쁜 기운을 불러들이는 예민하고 섬세한 자성이 우주의 법칙이다.

조선시대의 폭군 연산군과 사도세자의 아들 정조는 똑같은 일을 저질렀어도 결과가 다르게 나타났다.

연산군은 엄마가 억울하게 죽은 것에 대한 분노로 조금이라도 관련된 사람들을 모조리 죽였다. 정조역시도 아버지를 모함해 죽게 한 문숙원, 문성국, 홍인한등 여러 명을 죽였다.

그렇지만 두 사람은 의도가 달랐다. 정조는 뒤주 속에서 죽어간 아버지에 대해 효성이 지극했었다. 아버지가 죽은 후 항상 베개가 눈물로 젖어 있었다. 그렇다고 해서 복수로 사람들을 죽인 게 아니다.

정조는 어릴 때부터 생명을 위협 받으며 살았다. 이복동생 은전군을 임금으로 추대하려는 노론 세력들이 정조의 목숨을 항상 노렸기 때문이다. 그 당시 노론과 남인으로 갈라진 두 파당이 싸움질을 했기 때문에 정조는 노론을 진압하기 위해 칼을 빼어 들 수밖에 없었다. 백성을 지켜야 되는 중심으로서 과감한 결단을 내릴 수밖에 없었다.

전쟁에서 사람을 죽이는 것과 개인적인 살인은 다르다. 전쟁이란 나라와 가족을 지키는 대의의 명분이 있다. 그러나 개인의 살인은 오직 자기만을 위한 일이다.

정조는 글을 좋아하는 문학도였고, 그림 그리기를 즐기는 예술적 감성을 가진 보드라운 사람이었다. 백성들을 위해 칼과 붓을 함께 쥐고 살았다. 그러다가 49세에 죽자 손자가 왕위를 물려받았다.

그러나 연산군은 엄마를 죽인 데에 분노로 복수를 했고, 자신의 감정에 거스르는 자는 무조건 죽이는 폭군이었다. 성정자체도 난폭하고 거칠었다. 결국 유배지에서 반정세력에 의해 독살되었고, 아내와 자식은 사약을 받았다. 후손도 지켜내지 못했다.

좋은 곳에는 좋은 기운이 모이듯 정조에게는 충신이 있었고, 폭군 연산군은 제 이익을 위해 붙은 간신이 있었다.

# 04 / 사랑은
# 언제부터 있었을까

## 기독교

최초의 인간 아담의 시대부터 사랑이란 없었다.

하와가 뱀에게 꼬드김을 당해 금기된 선악과를 따먹고 하나님께 꾸지람을 들을 때 옆에 서 있던 아담이 어떠했는가? 아내가 두려워 떨고 있는데 구차한 변명이라도 해서 감싸주지는 못할망정 고자질을 했다.

"하나님이 데리고 온 저 여자가 나도 먹게 했나이다."

상전에게 동료를 악담하는 비열한 종처럼 혼자만 빠져 나가려고 아내만 회초리 앞으로 밀어 넣었다. 지구에 사람이라고는 단 둘밖에 없는데도 아담은 아내에 대한 애정이 없었다.

냉정하고 인정머리 없는 남편이지만 아내는 하나님이 맺어준 인연이기에 참고 살았다. 그렇지만 세월이 흐른 어느 날이었다. 아담이 아내에게 '하와' 라는 이름을 지어 주었다. 하와란 '모든 산자의 어미'라는 뜻을 품고 있다.

하나님이 아담에게 사물의 이름을 짓는 작명의 능력을 주었기 때문에 아내의 인생의 의미, 이유, 가치를 내포하고 있는 이름을 지어 준 것이다. 오늘날 부모들도 귀한 자식이 태어나면 인생을 기원하는 뜻과 의미가 깃든 이름을 지어주는 것과 같다.

인정머리 없이 고자질하던 때와는 달리 아담은 하와에 대한 애정이 생겨 있었다. 살면서 정도 들었겠지만 하나님을 통해 아담은 사랑을 배웠다.

아담과 하와는 선악과 말고도 에덴동산에 각양각색의 풍부한 과일이 있었음에도 하나님이 먹지 말라는 걸 취했었다. 하나님에게 불순종했을 뿐만 아니라 욕심, 탐욕, 미움, 이간질, 원망으로 남 탓까지 하는 비열함까지 있었다. 그럼에도 하나님은 그들에게 옷을 만들어 입혔고, 후손의 번성을 약속했으며, 계속 지켜주겠다고 하셨다. 비록 잘못을 했을지라도 외면하지 않고 마음을 내어주는 사랑을 하므로 사랑을 가르쳤던 것이다.

하나님이 인간을 창조할 때 사랑이란 성질은 본능적으로 주지 않으셨기에 아담과 하와에게 사랑이 없었다. 하지만 사랑 없이는 인류의 발전, 질서, 아름다운 조화를 이룰 수 없기에 배우고 깨달음으로 의지로 선택하기를 바라셨다.

그래서 세상에는 사랑을 자주 선택해서 풍부하게 사용하는 사람이 있는 반면 평생 진정한 사랑을 한 번도 못해보는 사람도 있다. 부모에게 아무리 사랑을 많이 받은 사람도 꼭 사랑이 풍부하지 않다. 오히려 자기중심적이고 독선적인 사람도 많다. 반대로 불우한 환경에서 사랑을 못 받고 자라도 사랑을 선택해서 가족, 이웃, 동료에게 베푸는 사람이 있다.

사랑을 한다는 건 환경과 상관이 없기 때문에 하나님이 인간에게 사랑하라는 요구는 공평하다. 또한 서로 사랑하지 않는 게 죄가 되는 이유는 사탄을 돕는 일이기 때문이다. 사탄은 인간에게 많은 걸 줄 수 있는 능력이 있지만 단한가지 주지 않는 게 있다. '사랑'이다. 그래서 사탄이 목적을 이루는 곳에는 사랑과는 거리가 먼 파괴, 분열, 외면, 버림, 단절이 생긴다.

모든 생명은 상대성으로 살아가게 되어 있다는 것을 깨달음으로 사랑은 시작이다. 나와 결혼해 주는 사람이 있어 가정을 이룰 수 있고, 섬유 공장에서 일하는 사람이 있어 옷을 입을 수 있고, 농부가 있어 곡식을 먹을 수 있다는 걸 알아채는 일이다. 배우자가 되어 주겠다는 사람이 없으면 외롭게 살아야 하고, 옷 만드는 사람이 없으면 나뭇잎으로 생식기만 가려야 되고, 농부가 없으면 무거운 돌도끼 들고 목숨을 내놓고 맹수와 싸워야 될지도 모른다.

살기 위해 목숨을 내놓지 않아도 된다는 사실 하나만으로도 다른 사람의 소중함을 느낀다.

사람을 소중히 여기는 마음 자체가 이미 '사랑'이다. 사랑이 풍부한 사람은 누군가를 상처주고, 고통과 슬픔을 주는 마음자체가 일어나지 않기 때문에 차가운 등을 보이지 않는다.

## 무신론

사랑이란 어디든 가리지 않고 비추는 햇빛 같다. 하지만 햇빛이 사람을 따라 다니지는 않는다. 자신이 어둠속에 있으면 스스로 밝은 곳으로 걸어 나와야 빛을 만날 수 있다.


프랑스 작가 로맹가리(필명 에밀 이자르)의 '자기 앞의 생'이란 소설이 있다. 주인공 소년인 모모는 고아다. 집도 없이 거리에 떠돌다가 우연히 로자 아줌마를 만나서 함께 살게 된다. 로자 아줌마는 과거에 사창가에서 일했었다. 나이가 들어 밀려나 창녀들이 낳은 아이들을 길러 주고 있다. 그 아이들은 죄다 부모가 누구인지 모른 채 살고 있다.

아줌마 집에는 늘 먹을 것이 부족했다. 모모는 여섯 살 남짓일 때 시장에 나가 음식을 훔치다가 따귀를 맞기도 했고, 걷어차이기도 했다. 우울하고 비참하게 살던 어느 날 푸들 쉬페르를 기르게 되었다. 그 개와 안고 자고, 산책도 하며, 자기 먹을 걸 나누어 먹이며 애정을 쏟았다.

그런데 로자 아줌마 집은 너무나 우울한 곳이었다. 모모는 쉬페르가 소중히 여겨질수록 가여워졌다. 자기는 어쩔 수 없이 이곳에 살지만 쉬페르에게는 더 멋진 삶을 선물하고 싶었다. 떠나보낼 작정을 하고 부자가 나타나기를 기다렸다. 그러던 중 멋진 부인이 나타나 쉬페르를 팔라고 했다. 모모는 부인이 부자인지 알아보기 위해 높은 값을 불렀다. 부인은 두말 않고 값을 치르고 쉬페르를 안고 갔다.

모모는 쉬페르를 보내고 받은 돈은 몽땅 하수구에 던져 버리고 그 자리에 주저앉아 엉엉 울었다.

세월이 흘러 모모는 14살이 되었다. 혼자 독립을 할 수 있는 나이였다. 그런데 로자 아줌마가 병이 들었다. 졸지에 모모는 아줌마를 돌봐 주어야 되는 상황이 되었다.

부모가 없는 고아란 자체가 살면서 닥치지 말아야 될 일을 겪었는데 또다시 몰라도 될 일에 부딪쳤다. 이미 자아가 형성된 모모는 아줌마를 떠날 수도 있었다. 누가 뭐라고 욕을 하지도 않는다. 그렇지만 모모는 아줌마 곁에 머물며 병수발을 들어 준다.

모모는 쉬페르를 통해 사랑이 무엇인지 너무나 잘 알고 있었기 때문이다. 모모가 떠나면 결국 아줌마는 비참한 상황에 놓이게 되기 때문에 머물 결심을 했다.

사랑이란 받을 때도 기쁘지만 사랑할 대상이 있을 때가 더욱 행복하다는 걸 모모는 알고 있기에 사랑을 선택했다.

# 05 / 불치병

## 기독교

신앙심이 깊어도 치유가능성이 희박한 질병 진단을 받으면 하늘이 무너져 내리는 듯한 참담함을 느낀다. 죽으면 아름다운 천국에서 예수님과 요셉, 다윗, 에스더 등 평소 보고 싶었던 분들을 만날 수 있어 설렐 것 같은데 오로지 현실적인 인간세계의 심상에 빠지는 것이다.

젊을수록 더 참담해서 절박한 통곡을 한다. 신나게 살아보지 못한 게 억울하고, 왜 그렇게 아등바등 살았나 싶어 허망감이 밀려온다. 그러면서도 믿음의 치유의 기적을 기대하며 하나님께 매달린다. 새벽기도, 철야기도, 기도원을 찾아다니며 울부짖는다.

믿음이란 절망 너머에 희망을 보는 일이다. 그러나 기적으로 완치를 기대하지만 쉽게 효과가 나타나지 않는다. 그렇지만 믿음의 사람은 점차로 천국의 소망을 품으며 질병을 받아들인다.

그러나 불치병에 걸리면 무의식적으로 놓치는 게 있다. 하나님이 우리에게 이 땅에서 사랑을 받다가 오라고 한 게 아니라 사랑을 하다가 오라고 했다는 점이다.

누구나 아프면 가족과 사람들의 관심을 받다보니 어느새 익숙해져 받는 것을 당연하게 여기게 된다. 그러나 잔인하게 들리겠지만 간과해야 되는 게 있다. 아픈 사람을 좋아하는 사람이 없다는 사실을 받아들여야 끝까지 믿음의 승리를 거둘 수 있다.

같은 교인이어도 잠깐 병문안을 가 줄 수 있고, 구역이나 속회에서 음식을 챙겨주며 따뜻한 위로의 말은 해 줄 수는 있다. 그러나 친분을 쌓으려고 애쓰고 정을 주지는 않는다.

건강한 사람은 아픈 사람과 이미 동등성을 잃는다. 나란히 어깨동무할 수 있는 대상이 아니라 상대가 기댈 수 있도록 어깨를 내줘야 되는 부담의 대상일 뿐이다. 만날 때마다 통증, 약, 치료, 병원에 대한 우울한 얘기를 마냥 들어줘야 하기 때문에 인간적인 연민일 뿐이다.

언제 헤어질지도 모르는 전제가 놓여 있는 상대와 정을 주고받을 수 없기 때문이다. 어느 날 홀연히 상대가 떠나면 혼자 허전함을 감당해야 하기 때문에 정을 주지 못하는 것이다. 호스피스 소명이 있는 사람, 건강할 때부터 정을 쌓아 왔던 친구, 가족 외에는 정서적 희생이 힘들다.

아픈 사람을 피하는 건 사람이 나빠서가 아니라 누군가를 일방적으로 책임지는 부담은 쉽지 않다.

하나님은 인간의 속성을 잘 알기에 사랑을 받다가 오라고 한 게 아니라 사랑을 하다가 오라고 했다. 나를 위해 사랑을 준비하고 있는 사람은 없고, 누군가에게 맡겨 놓은 것도 아니고, 상대가 아프다고 해서 갑자기 사랑이 생기는 것도 아니다. 아프고 약하다는 이유로 관심을 받으려고 애쓰면 상대는 부담스럽고 본인은 상처만 입는다.

기대했던 사람들이 무관심하면 서운하다. 몸도 아프다보니 더욱 민감해져 자신도 모르는 사이에 그 사람이 원망스럽고, 미움이 생겨 부정적인 시각에 갇힌다. 그렇기 때문에 오직 주님에게만 의지하는 게 가장 현실적이다.


바울은 거품을 물고 쓰러졌다가 일어나는 간질병이 있었다. 눈은 뒤집어져 허연 눈동자를 보이며 장소 상관없이 발작을 일으켜 입에서 거품까지 뿜어냈다. 길을 걷다가 사람들과 밥을 먹다가 느닷없이 그 자리에 누워 추한 꼴을 보이는 질병에 걸린 것이다. 그렇지만 자신이 곤고한 처지에 있다고 해서 사람들의 관심을 기대하지 않았다.

바울은 완치가 불가능한 질병 때문에 심한 열등감과 위축감이 느껴져 괴로워했지만 오히려 질병의 가시 때문에 사람들을 향해 자신을 낮추는 삶을 살았다. 오직 겸손한 자세로 하나님과 사람들에게 헌신하며 나아갔다. 사람들은 바울에게 무언가를 해줘야 한다는 부담을 느낀 게 아니라 오히려 사랑을 받았다.

사람들도 바울에게 사랑을 받자 점점 마음을 열었다. 혐오적인 질병이 있어도 거부하지 않았고, 자신의 눈이라도 빼어주고 싶어 할 만큼 바울을 아끼고 신뢰하기에 이르렀다.

바울은 질병으로 스스로를 불쌍하다는 연민에 빠져 외부의 관심을 구걸하지 않은 것이다. 오히려 더욱 씩씩하게 하나님의 복음을 전하며 있는 것을 나누며 풍부한 사랑을 베풀었다.

인간은 세상을 떠나는 순간까지 달려가야 할 목표와 비전을 품고 있는 존재다. 사람들에게 사랑을 받으려는 건 비전이 아니라 부담을 주는 일이다. 자신이 약하니까 다른 사람들이 양보하며 마음을 써줘야 되고, 참아주어야 하고, 친구가 되어주고, 위로를 받으려고만 하는 건 당연한 게 아니다. 사랑의 빚을 언제 갚으려고 하는가?

질병 때문에 자신을 더욱 낮췄던 바울처럼 시한부 목숨이라면 모든 걸 내려놓고 사랑하는 일밖에 없다. 하나님 아버지 집으로 돌아 갈 준비는 사랑만으로 충분하다.

지금까지 잘해 준 사람들에게 고마움을 전하고, 잘못한 일은 사과하고, 원수를 맺은 사람과는 화해해서 풀고, 가진 게 많으면 나누고 베푸는 일이다.


## 불교

생명의 본질을 깨달으면 육신의 질병에 매이지 않는다. 이 세상에 내가 원해서 태어 난 것도 아니고, 죽을 때 어떤 방법으로 갈지 내가 선택할 수도 없다.

내 소관이 아닌 거는 순순하게 받아들이면 번뇌가 일어나지 않는다.

자신의 몸을 잘 관리하지 못해 질병이 생기기도 하지만 유전적인 면도 무시할 수 없다. 음식, 스트레스, 유전의 원인뿐만이 아니라 면역력이 약해 갑자기 생기는 질병도 있다. 돈이 많아 주치의를 두고 수시로 건강

체크를 하며 조절하는 사람도 100세 시대에 60대에 병에 걸려 죽는 걸 보면 예측 할 수가 없다.

금생이란 과거의 업의 결과로 육의 조건을 이루고 있는 곳이다. 전생의 습으로 인해 금생에 업의 병이 생기는 수도 있다는 뜻이다.

비구니들이 머리를 밀고, 남자 고무신을 신고, 남자 런닝을 입는 건 전생에서 다음 생에는 남자로 태어나길 원했기 때문이다. 생각, 습관이 미래를 만드는 것처럼  과거에서 다져진 게 현재에 형상화 되는 것이다. 현재의 질병은 과거와 관련이 있고, 또다시 미래의 질병이 되기도 한다는 의미다.

업 쌓다가 어느 날 영가가 되는 게 사바세계의 중생들이다. 하지만 고칠 수 없는 질병에 걸렸어도 주어진 시간이 있다면 보살로 탈바꿈하는 정진의 시간이다. 자비의 정신을 잃지 않고 내려놓는 가벼움이다.

모든 걸 내려놓고 가벼운 비움의 보살로 탈바꿈한 중국 선사들은 임종에 다다랐을 때 깊은 산속으로 들어간다. 입적해서 산 짐승들의 요깃거리가 된다고 해도 마다하지 않았다. 몸과 마음의 일체를 내려놓았다.

평소 명상과 참선, 수행의 습을 통해서 어떤 자유자제한 경계에 들어가면 신령스러운 힘이 나오는 지도 모른다. 그들은 삶과 죽음을 뛰어 넘었기 때문에 위대한 버림을 택할 수 있었을 것이다.


## 무신론

아무리 신체를 잘 관리해도 고칠 수 없는 질병에 걸릴 수 있다. 평소 식생활에 신경 쓰고, 규칙적으로 운동하면 어느 정도 건강은 유지 되지만 유전적인 요인도 있기 때문이다. 또한 원인 불명인 질병으로 목숨을 잃기도 한다.

그래서 인명(人命)은 제천이라고 했다. 인간의 수명은 하늘에 달려 있기에 어쩔 수 없는 일은 받아들일 수밖에 없다는 의미다. 그렇다고 가만히 앉아 죽을 날만 기다릴 수는 없는 노릇이다. 희망을 잃지 않는 마음도 중요하다. 생존의 희망을 뜻하는 게 아니다. 몸이 움직일 수 있다면 심장이 뛰는 일을 하면 질병의 고통을 견디는 힘이 생기고, 흐뭇해서 죽음의 순간도 두렵지 않을지도 모른다. 멋지고 아름답게 최선을 다한 만족감으로 세상의 모든 것과 이별할 수 있기 때문이다.


영국 시인 존키츠(1795~1821)는 26세의 나이로 요절했다. 짧은 생애에 가장 찬란하고 아름다운 사랑의 편지를 쓴 시인이다. 그는 결핵으로 병약했고, 가난하고, 의지할 곳도 없었다. 그럼에도 패니브론에게 늘 사랑의 편지를 썼다. 자신의 삶은 절망에 있었지만 사랑의 편지는 밝고 쾌활하고 감성적이었다.

패니브론을 사랑하면서 행복했기 때문에 자신의 비참한 처지를 잊었다. 그녀와 이별의 절망을 알고 있으면서 사랑하는 마음이 빛나고 컸기 때문에 우울한 상태를 덮어 버렸다.

불치병에 걸려 살날을 기약 할 수 없다면 연인이 아니더라도 지난날 함께 즐거웠던 사람들, 고마웠던 사람들에게 예쁜 편지지에 마음을 전해 보는 일도 의미가 있다.

누군가가 마지막 순간에 자신을 기억했다는 일이란 감동으로 뭉클하다. 누군가에게 소중한 대상이었다는 사실은 사랑의 훈장처럼 가슴에 별이 하나 떠서 반짝이는 것과 같다. 비록 떠나간 사람이 달아주었지만 사랑의 훈장을 들여다 볼 때 마다 더욱더 사람들을 향해 고마운 사람이 되려고 노력하게 될 것이다.

이 세상을 떠날 때 남아 있는 사람들에게 가슴에 반짝이는 별을 달아주는 일이란 멋지고 근사한 선물이다.

# 06 / 한 집안의 계통

## 기독교

며느리들이 우수개로 하는 말 속에 진심된 속내를 드러낼 때가 있다. 시댁 가족이 싫어서 '시'자가 들어간 시금치도 먹기 싫다고 하는 말이다. 이 말은 스트레스가 많다는 뜻이다. 얼핏 지나친 것 같지만 며느리들의 아우성은 일리가 있다.

팔은 안으로 굽는 게 자연현상이다. 시댁의 핏줄인 남편은 친가의 일에 자발적이다. 팔이 자연스럽게 안으로 굽는 것과 같다. 하지만 며느리에게 시댁이란 본능적으로 애정이 우러나지 않는 관계다. 감성적으로는 남이다. 남에게 물질, 마음, 시간, 희생, 헌신이 우러나지 않는 것처럼 팔을 밖으로 구부리면 아파서 저절로 신음이 터져 나온다.

애정이란 지식과 이성으로 생기는 게 아니어서 아무리 많이 배우고 똑똑해도 시댁을 편하게 받아들이는 며느리는 거의 없다.

시부모도 며느리의 입장을 이해해주는 배려가 필요하지만 부부도 서로가 이인삼각 뛰기처럼 발맞춰주는 노력이 우선되어야 한다. 남편은 아내에게 시댁 일에 무조건 참고 인내하고 따르라는 요구는 비논리적이기 때문이다. 막무가내로 뛰면 뒤엉켜서 넘어지게 마련이다. 계속 반복되면 아내는 다리에 묶인 끈을 풀어버리고 싶어질지도 모른다.

하지만 며느리들의 아우성이 이해는 되지만 신앙적으로 접근해보면 생각의 유연성이 생긴다.

신앙의 족보는 부계가 중심이다. 아담, 노아, 아브라함, 보아스, 다윗, 요셉, 예수로 이어진 것처럼 내가 낳은 내 자식의 뿌리는 남편이고, 시아버지며 증조할아버지로 올라간다.

영적뿌리는 절대적으로 인정하고 섬기면서 육의 뿌리를 무시한다면 믿음의 균형이 바로 되어 있는 건 아니다. 자식이 자신의 뿌리에 대해 엄마가 무시하는 욕을 듣고 자란 자녀는 자긍심이 사라진다. 자존감도 떨어져 자신을 소중하게 여길 줄 모를뿐더러 세상을 살아나가는 힘도 약해진다. 엄마가 세뇌시킨 친가의 부정적인 이미지는 결코 에너지가 되지 않는다.

시댁을 억지로라도 아끼고 사랑하지 않는다고 해서 죄는 아니다. 그렇지만 신앙의 족보를 섬기며 지키는 마음처럼 한 집안의 계통도 존중해주는 건 자신과 자식의 장래를 위해 좋은 일이다.

# 불교

성격 기질, 성향도 부모를 닮지만 인생의 흐름도 부모를 닮는 경우가 허다하다. 딸이 절대로 엄마처럼 살기 싫다고 다짐하지만 어느새 비슷한 모습이 되어있는 걸 발견한다. 아들도 아버지의 바람기를 혐오하며 자랐지만 어느새 바람기를 재연하고 있다. 유전적으로 부모의 특정한 인자가 자식에게 나타나는 건 과학이다.

600만 명을 살해한 히틀러 같은 자식을 둔 부모가 과연 평범한 사람이었을까? 히틀러의 아버지 알로이스(1837년 출생)는 그 당시에 두 번의 이혼 경력이 있고 세 번째 아내는 16살 어린 조카딸이었다. 근친상간으로 태어난 아들이 히틀러다. 알로이스는 히틀러에게 폭행을 하고 바람기로 인해 가정을 불안하게 했다.

그런 환경에서 자란 히틀러는 유태인을 죽일 때 시간과 에너지를 절약하려고 한꺼번에 가스실로 보냈다. 기괴한 잔인함, 대담성이 오로지 개인만의 특성은 아닌 것이다.

아무리 이혼이 만연되어 있는 오늘날의 시대에도 몇 번의 이혼 경력은 부정적인 이미지로 입방아에 오르내린다. 히틀러의 아버지는 몇 번의 결혼, 근친상간이 극히 드물었던 그 시대에 사회적인 통념을 무시하고 배짱 있게 살만큼 평범한 삶을 산 사람이 아니었다.

불교에서는 가족이란 비슷한 업을 가진 사람끼리 이 세상에서 맺어진다고 한다. 업은 비슷한 유전자를 끌어당기는 힘을 가지고 있다. 그 부모에 그 자식이라는 말이 있듯이 끼리끼리는 업의 원리인 것이다.

사람은 금생의 기억만으로도 버겁다. 그런데 여러 생의 기억까지 하게 된다면 정신적인 장애가 생기기 때문에 전생은 잊도록 되어 있을 뿐이다.

그렇기 때문에 현재의 삶에 불평불만이 많다면 가족 탓, 남 탓, 조상 탓이 아니라 자신의 책임이다. 흙탕물 같은 샘이어도 한줄기 맑은 샘이 흘러내리면 언젠가는 물갈이가 되는 것처럼 후손이 행복해지기를 바란 다면 꾸준한 노력이 필요하다. 유전자는 스스로 바꿀 수 있는 힘이 누구 에게나 있다. 그렇기 때문에 이 세상은 새로운 삶을 결정할 수 있는 기회 이기에 놓치지 않아야 한다.

## 무신론

남편 복이 없으면 자식복도 없다는 말은 과학이다. 오이덩굴에 오이 가 열리는 것과 같이 당연한 귀결인 것이다. 애당초 아버지가 가족을 아 끼고 책임감 있는 좋은 인품이었다면 아내에게 자상했을 것이다. 그런데 폭력, 욕설, 술주정, 바람기, 사지가 멀쩡해서 집에서 빈둥거리는 건달로 아내를 고통스럽게 했다면 그런 유전자를 받은 자식도 가족애가 없기는 마찬가지여서 엄마를 무시하는 것이다.

아내가 인생이 힘들어서 슬퍼하는데 아랑곳 않는 남편의 무심함이 자 식에게 흐른 다는 건 무서운 일이다. 필연적으로 나타나기 때문이다. 부 모를 보면 한 번도 그의 자식을 본적이 없어도 어떤지 짐작할 수 있고, 자 식을 보면 그의 부모가 보인다.

가끔은 부모는 좋은 인품인데 자식이 나쁜 모습일 때가 있고, 자식은 착한데 부모가 악독한 경우도 있다. 인간이란 다 나쁜 것만 갖고 있지도 않고 다 좋은 것만 갖고 있지도 않고, 돌연변이도 있다. 하지만 피할 수 없이 가족은 생김, 기질, 성품이 많이 닮아 있다.

　그래서 가족은 내 거울이다. 거울이 더러우면 닦아주고, 얼룩, 티, 때, 헝클어진 모습은 바로 잡을 수 있도록 도와야 한다.

　대부분의 식물은 바람이 불 때 있는 힘을 다해 수분을 끌어 올린다. 자신의 몸을 무겁게 해서 넘어지지 않기 위해서다. 설혹 뿌리가 약하다고 할지라도 외부의 바람을 이용해서 자신을 지키는 것이다. 식물도 안이 부실하면 외부에서 배우고 깨달아서 자기 것으로 만들 수 있는 것처럼 사람도 유전자를 통해 변화, 발전 할 수 있다. 유전자가 나빠도 자기 인생의 책임은 본인인 것이다. 결과의 책임은 내 탓이라는 자숙은 때로 겸손하게 한다.